AF362730

FACTVM

DV PROCES DV COMTE
Eusebio Colonne, & de Benoist Maigrot, dit le Chevalier de Sainte Croix.

E PROCE'S dont on entreprend de faire le recit, fournit vn exemple signalé de la plus insigne calomnie qui fust jamais, & fait voir de quelles entreprises elle est capable, lors que l'esperance de reüssir la soûtient, & à quelles extremitez elle se porte, lors que se voyant découuerte, elle tasche à s'échaper à la Iustice.

Eusebio Colonne fust l'autheur de cette calomnie, c'estoit vn Gentilhomme Piémontois, Subjet de S.A.R. de Savoye, Seigneur en partie d'vn lieu appellé Baudissé, qui est distant d'vne journée de Turin, & Capitaine dans le Regiment de Piedmont. Il a este connu dans le monde sous le nom de Comte Colonne, homme d'entreprise & d'intrigue, & qui s'estoit mis en teste le dessein de faire fortune.

Cet homme apres auoir seruy dans les dernieres guerres de Gennes, obtint vne Compagnie dans le Regiment Ducal de Piemont, que S. A. R. de Sauoye enuoyoit en France au seruice du Roy, en 1673. & il se trouua a Tournay auec le Regiment, en 1674.

Ce fust dans cette Garnison, qu'il medita l'entreprise la plus estrange que l'on puisse conceuoir. Le grand desir qu'il auoit de faire quelque fortune, luy persuada qu'il falloit par quelque moyen que ce fust, se faire valoir à la Cour de Sauoye; & voicy l'occasion qu'il prist pour cela.

Le

Le Marquis de Lisourne, l'vn des grands Seigneurs de Sauoye, estant preuenu de crimes d'Estat, pour lesquels il est en disgrace en cette Cour, & eloigne de son Païs, comme chacun sçait, il n'y a qu'à inuenter contre luy quelque grande calomnie. Il n'y a qu'à suposer vne secrete conspiration qu'il ait faite contre la personne de S. A. R. de Sauoye, & contre celle de ses Ministres.

La chose paroistra fort vray-semblable, puis qu'il n'est pas extraordinaire qu'vn grand Seigneur forme quelque grande entreprise pour se deliurer, ou se vanger de sa disgrace; l'on ne sçauroit que l'on n'ecoute la decouuerte d'vne côspiration si importante. Le Marquis ne sera pas en estat de se deffendre, de se justifier, ny de conuaincre les accusateurs. Les imposteurs peuuent impunement tout inuenter contre luy, pourveu qu'ils soient habiles & hardis, & ceux qui paroistront auoir rendu à l'Estat vn seruice autant signalè que celuy-la, se promettoient aisement quelque grande recompense.

Voilà le crime que le Comte Colonne roula dans son esprit pendant qu'il estoit en Flandres en garnison. Quand l'imagination est possedee d'vn semblable dessein, rien ne luy paroist impossible, l'esperance la flatte, la veuë du succez l'ébloüit & l'aueugle, elle ne voit point les precipices qui l'enuironnent, elle ne songe jour & nuit qu'aux intrigues par lesquelles elle pourra faire reüssir l'entreprise.

Il n'estoit pas possible tout seul de faire reüssir ce dessein, il falloit auoir vn complice, & vn garand qui eust eu part à la conspiration, qui eust bien voulu en faire la decouuerte.

Le Comte Colonne auoit ou attirè ou rencontrè aupres de luy vn homme tel qu'il luy falloit pour cela; c'est vn nommè Benoist Maigrot, natif de la ville de Lyon, homme qui fait differentes professions, il se mesle de Peinture, de Miniature, de Broderie, & de porter les armes. C'est vn Auanturier qui à couru le monde, il est tantost à Rome, tantost en Espagne,

tantost

tantoſt à Veniſe, tantoſt en Angleterre, tantoſt en Piedmont,
tantoſt en France; Eſprit fourbe & hardy, & tres propres pour
vne intrigue & pour vne forte entrepriſe.

Le Comte Colonne l'auoit connu & pratique en Piemont,
il l'engagea à ſon ſeruice & le mit dãs ſa Compagnie comme
ſoldat. Il ſe faiſoit appeller le Cheualier de Sainte Croix.

Ce fuſt de luy dont Colonne reſolut de ſe ſeruir pour l'ac-
compliſſement de ſon deſſein. Il y eſtoit plus propre que tout
autre, dautant que d'vne part il connoiſſoit le Marquis de Li-
uorne & auoit quelque habitude aupres de luy, à cauſe que
ſon Pere auoit demeure, & qui luy auoit eſte eleue aupres du
Prince de Monacho, dont le Marquis de Liuourne a epouſe la
fille, & que de l'autre il n'eſtoit pas inconnu en Piemont, où
il auoit ſeruy en qualite de Peintre; auſſi Colonne l'auoit en-
gage dans ſa plus etroite confidence.

Il n'y a donc qu'à feindre que le Marquis de Liuourne a
voulu pratiquer Maigrot pour vne grande conſpiration, &
que cet homme en vienne reueler le ſecret.

La fable eſtant bien preparée, Colonne eſcrit de Tournay
à Monſieur le Preſident Truchy, qu'il ſçauoit eſtre vn des
principaux & des plus fideles Miniſtres du Duc de Saucy ; ſa
lettre porte, *que l'affection qu'il auoit pour ſon ſeruice & la fidelité*
qu'il deuoit à ſon Prince, l'obligeoit de luy faire ſçauoir qu'il
y auoit au Païs où il eſtoit, vn homme qui auoit fait vne entre-
priſe contre ſa perſonne, qu'il auoit decouuerte par vne eſpece de
miracle, & qu'il deuoit auſſi informer ſon Prince de quelque choſe
de fort important; mais il témoigne qu'il ne peut pas confier ce ſecret
à vne lettre, qu'il faut qu'il aille en perſonne le declarer, il promet
de mener auec luy les perſonnes qui en pourront donner l'éclair-
ciſſement, & il demande que l'on eſcriue les lettres & que l'on
donne tous les ordres neceſſaires pour luy obtenir promptement ſon
congé. Cette Lettre eſt eſcrite à Tournay, le 20. Nouembre 1674.

A   2   Colon-

4

Colonne fçauoit bien qu'il ne poüuoit pas mieux s'adreſſer qu'au Preſident Truchi; il ſcauoit la conſideration en laquelle il eſtoit auprés du Duc de Sauoye, le zele & la fidelité qu'il auoit pour ſon Prince, & qu'il ne manqueroit pas à faire donner des ordres prompts & aſſurez. Il en diſoit aſſez pour exciter la curioſité de ſcauoir vn ſecret de cette importance, mais il ne s'eſpliquoit de rien qui pût faire connoiſtre ce que c'eſtoit, ou de quelle part la choſe pouuoit venir ; il laiſſoit tout à craindre & tout à deuiner.

Voilà le premier aduis que le Preſident Truchi receut de cette affaire; luy à Turin, & Colonne à Tournay, il en receut la lettre par la voye de la Poſte, elle eſt au procés.

Ce Miniſtre ne pouuoit pas ſe deſpenſer de montrer la Lettre à ſon Maiſtre; la conjonĉture du temps, & les libelles injurieux que l'on auoit ſemez contre l'honneur du Prince & de ſes principaux Miniſtres, perſuaderent encore dauantage qu'il ne falloit pas negliger cet aduis. On enuoye à Colonne la permiſſion qu'il demandoit pour venir en Piémont.

Colonne part de Tournay le 2. Ianuier 1675. & amene aüec luy Benoiſt Maigrot, à qui il deuoit faire joüer le perſonnage que l'on va voir.

Ils arriuent à Riuoles, qui eſt à ſix mille de Turin ; en cét endroit Colonne jugea à propos de faire eſcrire & contrefaire par Maigrot deux Lettres, comme ſi elles eſtoient eſcrites par vn nómé du Riuo, Eſcuyer du Marquis de Liuourne, elles ſont dattées de Paris; l'vne du 15. Nouembre, l'autre di 17. Decembre 1674. elles ſont adreſſées à Colonne, & l'on ſupoſe que cét Eſcuyer le ſollicite de faire partir Maigrot ſi-toſt qu'il ſeroit reueu d'vne maladie qu'il auoit euë, pour aller à Paris, où le Marquis de Liuourne l'attendoit auec impatience.

Ces Lettres n'eſtoient fabriqués par Colonne, que pour donner plus de creance aux choſes qu'il auoit preparees, & pour perſuader auec plus de vray-ſemblance, l'intelligence

qu'il

qu'il fupofoit auoir eſtè entre le Marquis de Liuourne & Maigrot. Les lettres ſont rapportees, & Maigrot eſt demeure
d'accord de les auoir eſcrites à Riuoles par l'ordre de Colonne : Ainſi elles ne peuuent auoir eſte ſupoſees de la ſorte, que
pour ſurprendre le Preſident Truchy, & faire paſſer aupres de
luy l'impoſture pour la verite.

Les deux impoſteurs ſe ſaparent à Riuoles, Colonne s'en
va ſeul à Turin, & enuoye Maigrot en ſa maiſon de Baudiſſe,
où la femme de Colonne le receut tres bien, & où il s'occu-
pa à acheuer deux corps brodez qu'il auoit commencez pour
elle à Tournay.

Pendent ce temps Colonne fut à Turin, il parle au Preſident
Truchy, il luy decouure la pretendue conjuration. Ce Preſident que tout le monde connoiſt pour vn Miniſtre tres ſage,
receut cette nouuelle comme il deuoit, il creut qu'il falloit en
ces rencontres ecouter tout, ſe defier de tout, & ne rien negliger. Il teſmoigna à Colonne qu'il eſtoit ſurpris de le voir
ſeul, & qu'il n'euſt pas amenè auec luy la perſonne dont il
auoit parlè dans ſa lettre, & qui deuoit reueler le ſecret; il luy
dit qu'il ne parleroit point au Prince, qu'il n'amenaſt ſon
compagnon auec luy.

Colonne qui cherchoit à fare ſes affaires par la decouuerte
d'vne fauſſe conſpiration, auoit voulu faire ce voyage ſeul
pour èprouuer auparauant de quelle maniere cette nouuelle
ſeroit receuë, & quelle fortune il s'en pouuoit promettre. Le
Preſident Truchy qui ne cherchoit que la veritè & le ſeruice
de ſon Maiſtre, ne ſongeoit qu'à s'eclaircir auec certitude.

Ainſi Colonne voiant toutes choſes bien preparees pour
receuoir ſon impoſture, vint en ſa maiſon de Baudiſſe, il y re-
peta Maigrot ſur le perſonnage qu'il auoit à tenir, & l'on verra dans la ſuite qu'il falloit que cet homme euſt bien eſtudie
les choſes qu'il auoit à dire, puis qu'il les a retenuës ſi exac-
tement, & les a redites mot pour mot dans les rencontres
dont on parlera cy-apres.   Ces

Ces deux imposteurs viennent à Turin, on le presente à
S. A. R. il les interroge separement, & ce grand Prince qui
entre vne infinité de grandes qualitez auoit sur tout l'amour
de la justice , plus curieux de sçauoir la verité, que soi-
gneux de sa propre vie, fit à l'vn & à l'autre de ces personnes, vne remontrance digne de luy, sur l'importance des choses qu'ils luy declaroient; il les menaca de les faire punir auec
la derniere seuerité, si leur deposition ne se trouuoit pas se-
lon la verite .

Ils persisterent l'vn & l'autre, & son Altesse Royale com-
mit vn des plus intelligens du Senat de Turin & de la plus
grande probité, nomme le sieur Leone, pour receuoir leur
deposition en presence du sieur Lauezin Procureur Fiscal,
comme c'est l'vsage en ce Païs-là, auec ordre de tenir le tout
extremement secret.

Voicy quelles sont les depositions, ou plûtost la fable concertee par ces deux imposteurs .

Le Comte Colonne declare, *Qu'estant en garnison à Tournay,*
il fust à l'Isle sur la fin du mois d'Octobre 1674. par pure curio-
sité pour voir la Cour du Mareschal d'Humieres, que là vn iour
il se sentit tirer par son juste-à-corps par vn homme qu'il ne
reconnust pas d'abord ; mais qui se fist connoistre à luy pour Mai-
grot qui se disoit de ses amis, & qu'il connoissoit en effet pour
vn homme qui excelloit en peinture, en mignature, & en broderie,
& qu'il auoit veu & pratiqué à Venise, que Maigrot luy dit
qu'il l'auoit dessein d'aller à Tournay pour auoir des nouuelles
d'vn nommé Saincte Croix Peintre, & qui estoit Soldat dans le
Regiment de Piémont. Ce Sainte Croix estoit neantmoins le mesme
que Maigrot ; Colonne suppose qu'il luy répondit qu'il croioit que ce
Sainte Croix Soldat auoit deserté, qu'ils furent ensemble à Tournay,
que le pretendu Soldat, dit Sainte Croix ne s'y trouua point, que
Maigrot qui en estoit en queste, ennoya le chercher dans les villes
voisines des Ennemis , & qu'on luy raporta qu'il estoit à Gand

en service d'un Président, d'où il ne pouuoit pas partir si tost,
Que pendant ce temps Maigrot tomba malade, que comme luy
Colonne luy rendoit toutes les assistances qu'il pouuoit, & le vi-
sitoit souuent ; Maigrot qui paroissoit fort inquiet, luy dit qu'outre son mal, il estoit dans l'apprehension de perdre cent pistoles
& une Lieutenance, sans luy marquer lors qui luy deuoit procu-
rer cette bonne fortune : En suite la maladie estant deuenuë plus
violente, Maigrot se voyant en danger de sa vie, demanda un
Confesseur à Colonne qui luy donna un Pere Iacobin, & qu'apres
la Confession il ennoya querir Colonne, & luy dit que le Confesseur n'auoit poit voulu l'absoudre qu'il n'eust reuelé une affaire de grande importance qu'il sçauoit, & laquelle il ne vouloit point confier à d'autres qu'à Colonne, s'assurant qu'il execu-
teroit ce qu'il desiroit, & que sur cela il luy raconta la pretenduë
conspiration du Marquis de Liuourne (telle que Maigrot l'explique luy-mesme dans sa deposition) & que c'estoit pour recompense de cette action qu'on luy auoit promis le cent pistolles
& la Lieutenance, dont il auoit apprehendé la perte au commencement de sa maladie ; mais que son Confesseur luy auoit ordonné
de reueler tout cela à une personne qui en pust donner aduis au
Duc de Sauoye & au President Truchy, afin qu'ils se precaution-
nassent contre les dangers qui leur pourroient arriuer par d'autres
voyes, qu'il en chargeoit Colonne, comme y estant plus obligé qu'aucun autre en qualité de Vassal, de Sujet & d'Officier de S. A. R.
de Sauoye, qu'il en accepta la charge. Et suppose aussi en cet endroit, qu'il en donna aussi tost aduis au President Truchy,
ce qui n'est pas. Et enfin qu'apres que Maigrot fut reuenu en
santé, il l'empescha de retourner à Paris où il auoit enuie d'aller,
mais qu'il desira le mener auec luy, afin que par sa bouche, le
Prince fut informé de l'aduis qu'il auoit donné, quoy qu'il dise
qu'il auoit esté solicité par des Lettres de l'Escuyer du Marquis
de Liuourne de presser Maigrot pour son retour à Paris. Il en-
tendoit parler de ces deux Lettres qu'il auoit fait fabriquer

par

par Maigrot à leur arriuce à Riuoles, & il adioute, *que ces Lettres ne firent que luy confirmer la verité de la relation que Maigrot luy auoit faite*, & il les represente au Senateur Leone.

Maigrot qui deuoit faire le principal recit de toute l'affaire, bien preparé qu'il estoit par Colonne, depose qu'il est venu pour reueler vne affaire tres-importante qui regardoit la seureté de la personne du Duc de Sauoye, & celle du President Truchy son Ministre : Et il en explique tout le detail que voicy.

Qu'il auoit acquis la connoissance du Marquis de Liuourne, du temps qu'il espousa Madame la Marquise lors qu'il la vint querir à Monaco, où luy Maigrot demeuroit auec son pere, qui seruoit en ce lieu-là de sa profession de Brodeur ; que cette connoissance s'estoit continué à Turin, où il estoit venu en plusieurs occasions, & où toutes les fois qu'il y estoit venu, il auoit rendu ses respects au Marquis & à la Marquise, qui luy auoient tousjours offert leur faueur ; qu'il n'auoit d'abord autre connoissance que chez eux dans Turin ; que depuis il auoit esté en la maison & au seruice du President Blancardi pour l'Art de Peinture, Miniature & Broderie ; qu'il y auoit enuiron onze mois qu'il en sortit, parce qu'on ne luy donnoit pas la recompense qu'on luy auoit promise ; qu'il auoit esté depuis ce temps-là en diuers endroits de la France, & qu'au mois d'Octobre 1674. il s'arresta à Paris, où il commença le portrait en Miniature d'vne personne de qualité, sans en estre sollicité par personne, mais par le seul desir de se mettre en credit ; qu'ayant appris que le Marquis de Liuourne estoit aussi à Paris, il auoit esté luy faire la reuerence ; que ce Marquis luy fist grand accueil, luy offrit son assistance, & qu'apres auoir sçeu qu'il trauailloit à ce portrait, le pria d'aller chez luy pour le continuer, parce qu'il auroit en ce lieu là plus d'occasion de se produire, & de faire voir ses ourages à des personnes de qualité ; qu'en effet Maigrot y alla trauailler six ou sept iours dans la chambre mesme du Marquis, qui

pendant

pendant ce temps estoit toujours present & s'amusoit à lire; qu'il luy donna mille témoignages d'estime, & luy fist toutes les caresses imaginables; & qu'enfin vn iour le traitant tres familierement, il luy parla de l'estat dans lequel son mal-heur l'auoit reduit, esloigné de sa maison & de son pais, & que dans la suite du discours il luy dit, que tout cela prouenoit de la jalousie que le President Truchy auoit euë de l'esleuation de la maison du Marquis, puisque dés que ce President auoit commencé à s'esleuer, il auoit tasché d'abaisser la maison du Marquis, quoi qu'il feignit de lui porter vne grande amitié, & qu'enfin il s'estoit serui du pretexte de la guerre auec les Genois pour le perdre, en lui imputant plusieurs fautes; ce qui auoit obligé le Marquis à se retirer d'autant plus, quil disoit que le Duc de Sauoye deferant aux sentimens de son Ministre, ne lui faisoit pas justice, & qu'il estoit en danger d'estre accablé. Il adjoûta, qu'il ne pouuoit pas esperer son rétablissement tant que le President Truchy viuroit, & qu'en suite il fit connoistre à Maigrot que nul autre que lui ne lui pouuoit mieux rendre seruice en cette occurrence.

Voilà les choses bien preparees pour declarer le dessein d'vne conspiration, Colonne ne pouuoit pas mieux instruire son disciple.

Maigrot continuë & dit, Qu'il fust surpris de ce discours, qui l'obligea pour correspondre à vne telle confiance, de declarer au Marquis qu'il n'y auoit rien de possible qu'il n'entreprist pour son seruice; que là dessus le Marquis l'embrassa, & apres cent autres caresses engageantes dit à Maigrot, qu'il auoit vn secret à luy confier, mais qu'il falloit auparauant qu'il fist serment, que quand il ne voudroit point entreprendre l'execution des propositions qu'il luy auoit faites, il ne le reueleroit à qui que ce soit, Maigrot luy fit mille sermens, & le Marquis fit à Maigrot mille autres caresses.

Au apres cela le Marquis luy proposa de s'en aller à Turin auec deux autres personnes qui fussent gens de cœur & de resolution, &

B

à qui

à qui il se puſt entierement fier ; que quand ils seroient à Turin ils se presenteroient pour entreprendre les peintures d'un Palais que le Preſident Truchy auoit fait baſtir nouuellement ; qu'ils seroient infailliblement agreez, parce qu'on connoſſoit deſia en ce Païs-là les ouurages de Maigrot, & que les Peintres n'y sont pas fort frequents ; que dans le temps qu'ils y trauailleroient, le Preſident Truchy ne manqueroit pas de venir souuent les voir trauailler & regarder les ouurages, & que là Maigrot aſſiſté de ses compagnons, trouueroit sans doute quelque occaſion de poignarder le Preſident, & qu'il y auroit toujours des cheuaux preſts pour luy & ses compagnons, pour en peu de temps se sauuer en France ; que c'eſtoit là le plus grand seruice qu'il luy pouuoit jamais rendre, qu'il luy offroit non seulement de l'argent pour sa dépenſe, mais encore cent piſtoles de recompenſe, & vne Lieutenance dans vne Compagnie de Dragons, & qu'il recompenſeroit auſſi les compagnons.

Maigrot dit, Que ce fut auec peine qu'il accepta vne entrepriſe ſi perilleuſe, qu'il fiſt quelque refus, mais pourtant qu'il l'accepta, & qu'il ceda aux grandes promeſſes qu'on luy fit de luy faire sa fortune.

Il propoſa pour ses deux aſſiſtans, ſçauoir vn Pariſien nommé Henry Beſnard, qu'il trouua auſſi bien diſposé que luy, & qu'il mena chez le Marquis, qui luy promit cinquante piſtoles outre sa depenſe, & par deſſus tout cela la faueur & la protection d'vn grand Seigneur ; & pour l'autre il feignit qu'il deſtinoit vn Peintre nommé Sainte Croix, qui eſtoit pour lors (à ce qu'il diſoit) ſoldat dans le Regiment de Piemont en Flandres, où il falloit qu'il l'allaſt trouuer. Ce Sainte Croix n'eſtoit pourtant que la meſme perſonne de Maigrot, qui ſe faiſoit appeller ainſi.

Maigrot dit donc, Qu'il se diſpoſa de partir pour aller chercher Sainte Croix en Flandres, mais que pendant ce temps (comme il frequentoit souuent en l'Hoſtel du Marquis de Liuourne) il eut vne autre rencontre bien plus surprenante. Et voici le comble de la calónie que Colonne & lui auoit concertée auec tant d'art.

Il dit

Il dit *qu'il rencontra dans l'Hoftel du Marquis de Liuourne vn perfonnage qu'il auoit connu en Sicile, à Naples, à Rome, à Venife & en Efpagne, qu'il croyoit eftre Romain & Iuif, qu'il dépeint comme vn homme mal fait & de mefchante mine, de petite taille, contrafait & boffu, les jambes tortuës, les cheueux noirs & le vifage taché de roufleurs; que c'eftoit vn Diftillateur de fa profeffion, mais qu'il eftoit en reputation de compofer des poifons, foit diftillez ou en poudre; que luy Maigrot le voyant frequenter chez le Marquis de Liuourne, entra en defiance que le Marquis ne fe vouluft feruir de ce perfonnage pour luy donner du poifon, apres qu'il auroit executé l'ordre qu'il luy auoit confié, crainte d'eftre découuert, comme il eft ordinaire que l'on fe defait de fes complices, & de ceux à qui l'on a fait part d'vn fecret dangereux; ce qui fit prendre la liberté à Maigrot de demander au Marquis pour quel deffein il vouloit fe feruir auffi de ce perfonnage, qui eftoit vn empoifon-neur.*

Ce fuft là, dit Maigrot, *l'occafion qui l'obligea le Marquis de Liuourne à ne luy pas refufer la confidence du deffein pour lequel il vouloit fe feruir de ce perfonnage, & de luy declarer que quoy qu'il oftaft la vie au Prefident Truchy, il ne pouuoit pas retourner en Piemont fi le Duc de Sauoye furuiuoit, parce que le Prefident eftant fort aimé du Prince, le Prince feroit toutes les diligences poffibles pour decouurir les autheurs de la mort du Prefident, & pour la vanger, fi bien que luy Marquis de Liuourne feroit toufjours en vn danger continuel, fi dans le mefme temps qu'il meditoit d'ofter la vie au Prefident, il ne fongeoit encore à fe defaire d'vn puiffant obftacle, qu'il auoit en la perfonne de S. A. R. & que pour cét effet pendant que Maigrot auroit conduit la Commiffion qu'il luy auoit donnee, il faifoit preparer par ce perfonnage qu'il auoit veu, vn poifon en poudre tres fubtil, que l'on deuoit mettre dans vne Lettre, ou dans vne Requefte, que cét homme s'offroit de pre-fenter à S. A. R. en main propre, & qu'en ouurant le papier la poudre qui fe reduiroit comme en fumée monteroit en l'air, & que fa*

force

force estoit si grande, que penetrant aussi-tost au cerueau, elle opereroit son effet malin, & tüeroit le Prince sur le champ.

Maigrot qui s'estoit deuoüé, come il le dit, à assassiner le Ministre, fait le reserué sur l'attentat à la personne du Prince, & *supose qu'il dit au Marquis que c'estoit trop hazarder d'en vouloir à la personne du Souuerain, & que cela estoit trop perilleux; que le Marquis luy repartit, qu'il ne pouuoit pas faire autrement, parce que de cette maniere le Prince de Piedmont restant seul fort jeune il luy seroit facile par le moyen de ses amis, & aussi à force d'argent, de se remettre dans son premier estat.*

Apres cét entretien, Maigrot dit *qu'il partit pour la Flandre, & pour chercher le pretendu Sainte Croix, qu'il arriua à Lisle, qu'il rencontra le Comte Colonne qu'il auoit veu à Venise & en Piemont, qu'ils furent ensemble à Tournay, qu'il n'y trouua point ce Sainte Croix qu'il feignoit de chercher, qu'il eust nouuelles qu'il estoit à Gand, & qu'il ne pouuoit venir de six semaines, que pendant qu'il attendoit la reponse, il fut attaqué d'vne pleuresie durant laquelle il receut la réponse de Sainte Croix, en conformité de laquelle il escriuit au Marquis de Liuourne, auquel il fist sçauoir l'estat où il estoit, & que s'il vouloit luy escrire il adresast ses Lettres au Comte Colonne,* ce qu'il disoit pour donner couleur aux Lettres qu'il auoit suposees auoir esté escrittes à Colonne par l'Escuyer du Marquis.

Enfin il dit la mesme chose que ce que Colonne auoit dit auparauant (comme ils auoient concerté leur imposture) sçauoir *que Maigrot fut en peu de temps reduit à l'extremité, jusqu'à estre abandonné des Medecins; qu'au commencement il témoigna l'inquietude qu'il auoit que sa maladie ne luy fist manquer l'occasion de gagner cent pistoles & vne Lieutenance; qu'en suite ce peril extréme où il estoit, l'ayant obligé de mettre son ame en bon estat, il enuoya querir vn Confesseur;* il ne dit pas que ce fust Colonne qu'il luy fist venir, comme Colonne l'auoit dit, *mais qu'il enuoya vn homme qui le seruoit en chercher vn, & qu'il luy amena*

vn

vn Iacobin, auquel il declara en Confeſſion la commiſſion qu'il auoit priſe de tuer le Preſident Truchy, l'vn des Miniſtres de l'Eſtat de Sauoye, & l'empoiſonnement que le Marquis preparoit de la perſonne du Prince meſme; que ce Religieux luy refuſa l'abſolution, s'il ne déchargeoit ſa conſcience, en reuelant tout cela à vne perſonne aſſeurée, auec charge d'en donner aduis à S. A. R. de Sauoye & au Preſident Truchy, & meſme de promettre d'en aller donner l'aduis en perſonne, s'il reuenoit en ſanté. Il adioûte que ce bon Pere luy repreſenta la deſolation qui ſeroit arriuee aux Eſtats & aux peuples de Sauoye, en leur oſtant leur Souuerain & ſon Miniſtre; qu'il parla auec tant de ferueur les larmes aux yeux, qu'il tira auſſi des larmes du penitent, & luy fit promettre tout ce qu'il deſiroit; qu'il s'en acquitta ſur l'heure, ayant mandé le Comte Colonne, auquel il auoit tout découuert, & l'auoit prié d'aduertir S. A. R. de Sauoye de la conſpiration; qu'apres cela le Conſeſſeur luy donna l'abſolution, & luy fit adminiſtrer les Sacremens; Et qu'enfin luy Maigrot eſtant reuenu en ſanté, comme il vouloit retourner à Paris, non pas pour executer ſon mauuais deſſein, mais pour eſſayer d'attraper quelque argent du Marquis de Liuourne, ſous pretexte des dépenſes qu'il falloit faire pour le voyage de Piemont, & s'en aller en ſuite ailleurs ſans faire le voyage. Le Comte Colonne l'en empeſcha, & luy fiſt voir les deux Lettres qu'il ſuppoſe que l'Eſcuyer du Marquis luy auoit eſcrittes, & l'obligea de venir auec lui à Turin.

Telles furent les depoſitions de ces deux perſonnes capables ſans doute, de ſurprendre les eſprits les plus éclairez, tant elles eſtoient bien articulees, & bien circonſtantiees, & appuyees meſme de deux Lettres de du Riuo Eſcuyer du Marquis de Liuourne.

L'on eſtima, qu'il falloit vſer de la derniere circonſpection en vn affaire ſi delicate en matiere de conſpiration, il ne faut jamais negliger le moindre aduis, l'ombre meſme d'vn ſoupçon ſuffit pour donner lieu à faire des grandes perquiſitions.

tions. A plus forte raiſon que ne doit-on point faire lorſque l'on a deux depoſitions ſi formelles & ſi bien concordantes? il faut neantmoins ſe deffier de tout, & entrer dans tous les éclairciſſemens poſſibles. Deuant que de faire éclatter ces ſortes d'affaires le Marquis de Liuourne qui eſtoit ſi chargé par ces depoſitions, eſtoit déja preuenu à la Cour de Sauoye pour d'autres affaires d'Eſtat, & on luy faiſoit ſon procez auparauant tout cecy. Si cette derniere accuſation euſt eſté veritable, il eſt vray que cela l'auroit rendu bien plus crimi-nel; mais il falloit auſſi ſe donner bien de garde de mèler le vray auec le faux, ou auec le douteux, vne accuſation d'vne ſi horrible conſpiration qui n'auroit pas eſtè veritable, ou qui n'auroit pas eſtè bien aueree, auroit ruinè le procez que l'on faiſoit au Marquis ſur d'autres matieres d'Eſtat. Dans ces ſortes de nouuelles qui regardent des conſpirations, il faut touſiours craindre qu'il n'y ait quelque piege cachè, ou que la preuue qui ne repond pas touſiour à l'accuſation venant à manquer ne faſſe vn effet tout contraire a celuy que l'on en attendoit.

D'ailleurs, il n'y auoit proprement qu'vn teſmoin. Maigrot eſtoit le ſeul qui pouuoit faire charge contre le Marquis, & la declaration de Colonne eſtoit attachee à celle de Maigrot, à qui il l'auoit ouy dire.

Il n'y auoit rien en apparence qui eut engagè Maigrot à reueler ce ſecret que la decharge de ſa conſcience, rien qui le pût empeſcher d'en donner tous les eclairciſſemens, & il ſembloit n'eſtre que trop engagè par la demarche qu'il auoit faite, apres laquelle il n'y auoit plus moien de reculer. Il promettoit de faire venir ſes compagnos, Beſnard & Sainte Croix, & de faire meſme perquiſition de ce Iuif empoiſonneur. Il ſembloit qu'il n'y euſt que luy qui le pût faire.

Qu'auroit ſeruy de retenir ces deux hommes, ſinon de faire eclatter vne choſe que l'on deuoit tenir tres-ſecrette

juſqu'a

jufqu'à ce qu'elle euft efté parfaitement eclaircie, & la preuue entierement afluree ? Si l'on n'auoit eu deſlein que de faire vne affaire au Marquis de Liuourne, il n'y auoit qu'a inftruire ce noueau proces fur les depofitions de ces deux tefmoins. Il y en auoit aſſez pour condamner vn homme abfent qui ne fe feroit pas deffendu; mais comme vn ne cherchoit que la verité & la juftice, on ne feignit point à laiffer les deux tef-moins en liberté pour leur donner moyen de faire venir les preuues qu'ils promettoient.

Ce fut par ces confiderations que l'on permit à Maigrot de venir en France pour ramaffer fes compagnons. Cette conduite s'accommodoit merueilleufement bien auec les deſſeins de Colonne. Il auoit fait fon coup, il n'eftoit plus garend de ce que feroit Maigrot, il paroiffoit beaucoup de fincerité dans le procedè, de l'vn & de l'autre, puis que Mai-grot luy mefme s'offroit de faire venir les preuues. Maigrot y trouoit auffi fon compte, parce qu'il falloit faire dans le voyage & dans la perquifition ; & c'eft tout ce que preten-dent ces fortes de fripons qui en reçoiuent de toutes mains. Le pis qui en pouuoit luy arriuer, eftoit qu'apres auoir amu-sè long temps la Cour de Sauoye par mille fourbes, dont il eftoit bien inftruit en l'efcole de Colonne, il viendroit dire que fes gens luy auoient manquè par telle & telle rencontre; il auroit toûjours l'argent pardeuers luy, l'accufation feroit toûjours demeurèe (toute imparfaite qu'elle eftoit) & Co-lonne n'auroit pas laiſſé de s'en faire vn merite au près du Prince & des Miniftres.

Maigrot prend donc le foin d'aller querir les complices, on luy donne feulement pour les frais de fon voyage foixante & dix piftolles, c'eftoit vne fomme en quelque façon propor-tionnee aux frais de la nourriture de trois perfonnes dans vn fi long trait ; mais trop modique, pour dire qu'on l'ait voulu ou recompenfer ou corrompre.

Colon-

Colonne qui conduiſoit toute l'affaire, & en qui l'on croyoit auoir ſujet de ſe confier, demeura encore quelque temps
en Piemont, & depuis il paſſa à Lyon, pour y trauailler à la
recruë de ſa Compagnie.

Maigrot partit de Turin le vingtieſme Feurier mil ſix cens
ſoixante & quinze.

Deux mois s'ecoulerent ſans qu'on euſt des nouuelles de
Maigrot; cela commença de donner quelque ſoupçon de ſa
conduite.

Pendant ce temps, Maigrot n'auoit garde chercher ſes
complices, puis que le crime eſtoit imaginaire; mais il apprehenda que l'intrigue à la fin ne fut decouuerte: Et peut-
eſtre qu'il penſa qu'il valloit miex s'en faire vn ſeruice aupres
du Marquis de Liuourne, en luy decouurant luy meſme tout
le myſtere.

Il y a meſme bien de l'apparence, que comme c'eſt vn
fripon acheuè, il creut qu'il pouuoit aiſement tirer de l'argent des deux coſtez, de la part de Sauoye par la feinte recherche de ſes complices, & de la part du Marquis de Liuourne par la reuelation du ſecret de la calomnie que Colonne
auoit preparee contre luy.

Il faut bien que telle ait eſtè la penſee & la conduite de
cette ame venale, puiſque l'on va voir qu'en meſme temps
il entretient commerce auec le Marquis de Liuourne & auec
les Miniſtres de Sauoye.

Par quelque motif que ce ſoit, Maigrot ſe declare au Marquis de Liuourne, & s'accuſe luy-meſme de la calomnie qu'il
auoit concertee auec Colonne; le Marquis de ſa part prend
des meſures pour s'en faire faire juſtice.

Pendant ce temps là, Maigrot eſcrit quatre Lettres à Turin,
les deux premieres dattees du 12. les deux dernieres du 16.
Auril, & de chacune datte il en auoit vne pour le Duc de Sauoye, l'autre pour le Preſident Truchy.

Par

Par les deux Lettres du 12. Auril, Maigrot n'escrit pas comme vn homme repentant, mais comme vn accusateur qui persiste; il rend compte de ce qu'il supose auoir fait, *que si-tost qu'il est arriué à Paris, il à esté chez le nommé Besnard, c'estoit vn de ses pretendus conjurez, qu'on luy à dit qu'il estoit allé à Grenoble pour passer en Italie, qu'ayant eu à Grenoble vn demeslé auec le Maistre de la maison où il demeuroit, il auoit estè contraint de prendre party dans le Regiment de Sault; que sa Compagnie estoit à Narbonne, qu'il luy auoit escrit, qu'il auoit fait réponse qu'il estoit toujours dans la bonne volonté d'obeir à Maigrot, & de s'en retourner à Paris pour le suiure par tout où il voudroit, mais que son Capitaine demandoit dix Loüis d'or pour son rachapt; que luy Maygrot les luy auoit aussi-tost ennoyez, & qu'il l'attendoit de iour en iour.*

Voilà le langage d'vn homme qui differe & qui se prepare à demander de l'argent; Tout cela neant moins estoit si bien circonstanciè, qu'il paroissoit fort vray-semblable & tres-capable de surprendre les personnes les plus dèfiantes & les plus èclairees.

Il adjoûte, *que pour ce qui estoit de l'autre homme qui auoit conspiré contre S. A. R. il auoit fait ses efforts pour l'auoir, qu'il auoit appris qu'il estoit passé à Londres en Angleterre; qu'aussi-tost luy Maigrot estoit party pour y aller, qu'il l'auoit trouué fort malade, & qu'il auoit si bien fait, qu'il luy auoit fait promettre qu'il donneroit tout contentement dés qu'il seroit en santé, & que pour l'engager dauantage, comme il estoit en necessité, il auoit donné de l'argent à son hostesse, dont il auoit tiré vn receu pardeuant Notaire, pour marque de la verité; mais que de plus, cét homme luy auoit donné la Lettre empoisonnee, qu'il la gardoit comme vne relique pour la porter à S. A. R. qu'il n'auoit pas voulu l'ennoyer, de crainte que comme il n'en auoit pas encore escrit, la curiosité ne portast à ouurir la Lettre, & que S. A. R. de Sauoye, ou le Président Truchy,*

Truchy, n'en receußent quelque mauuaife atteinte, mais qu'il la leur enuoyeroit fi on le luy commandoit, & que l'homme luy auoit dit qu'on en pourroit faire l'épreuue fur vn chien en prefence de S. A. R. & du Prefident, & n'eftoit arriué de retour à Paris que du iour precedent 10. *Auril, & efperoit de partir dans vn mois pour s'en retourner à Turin.*

Pour ce qui eft du Marquis de Liuourne, il dit *qu'il le trouuoit fort refroidy, qu'il craignoit qu'il ne fe feruit d'autre main que de la fienne, ou bien qu'il attendoit le retour de l'empoifonneur, afin de ne rien entreprendre que tout d'vn temps, & que fes gens luy auoient dit que ce Marquis efperoit que S. A. R. auroit quelque confideration pour Monfieur de Monaco, qui eftoit arriué à Turin ; que cela eftoit caufe qu'il fe montroit plus froid, que neantmoins il parloient fouuent de l'affaire.*

Il finit en demandant de l'argent, *parce qu'il apprehendoit de demeurer court dans les grandes dépences qu'il luy falloit faire, qu'il ne pouuoit rien qu'à force d'argent, qu'il deuoit retourner à Londres pour amener l'empoifonneur, & qu'il lui falloit du fecours pour le voyage & pour payer les frais de l'homme & de fa maladie, & qu'il ne lui reftoit rien de* 70. *piftoles qu'on lui auoit donnees, dont il rendroit compte iufqu'à vn double.*

Voilà ce que contiennent ces deux premieres Lettres, qui font toutes femblables, à la referue que celle qui eft efcritte au Prefident Truchy, eft encore plus circonftanciee dans le détail, & qu'il adioûte que parce qu'il frequentoit chez le Marquis, & qu'vne lettre pouuroit tomber entre les mains d'vn autre, il auoit emprunté le nom du Cheualier de Sainte Croix.

Les deux autres Lettres du 16. Auril portent, *Qu'il eftoit à propos que Colonne vint à Paris pour faciliter l'affaire, & que comme Maigrot auoit beaucoup de peine à y rallier fes gens, & que pendant qu'il cherchoit l'vn, l'autre s'éuanüiffoit, Colonne y eftant l'on auroit bien plûtoft fait, & que fi l'affaire fe refroi-*

diffoit

diſſoit, il *n'auroit pas ſon monde comme il voudroit.* Il demande encore de l'argent pour ſon pretendu voyage de Londres, il ſupoſe qu'il part le lendemain, & adioûte *qu'auec le temps on verra que ſelon Dieu il ne pouuoit pas mieux agir qu'il faiſoit.*

Mais ſur tout, il marque dàns la lettre eſcritte au Preſident Truchy, *que le Marquis de Liuourne continuoit ſes offres, & qu'il luy faiſoit mille careſſes.*

Il repete *qu'il ſe faiſoit appeller à Paris le Cheualier de Sainte Croix, pour mieux cacher ſon nom & pour auoir plus de credit.*

Il y a deux autres lettres de meſme datte 12. & 16. Auril, eſcrites à Colonne; par l'vne ſupoſant qu'il fuſt encore en Piemont, il luy mande de venir à Lion; & par l'autre le ſupoſant à Lyon, il luy mande de venir à Paris. Il ne luy fait pas les meſmes hiſtoires qu'au Duc de Sauoye & au Preſidẽt Truchi, il luy marque ſeulement les perſonnes & les lieux où il auoit ètably ſes adreſſes pour auoir de ſes nouuelles, ſoit à Lyon, ſoit à Paris, & parle auſſi en paſſant de Beſnard, du voyage de Londres, & des careſſes du Marquis de Liuourne, afin que ſi Colonne eſtoit obligè de montrer ſes Lettres, ou qu'elles fuſſent ſurpriſes, elles ſe trouuaſſent conformes en quelque choſe à celles qu'il auoit eſcrites au Duc & au Preſident.

Ce qu'il y a de remarquable eſt, que les quatres Lettres furent enuoyees par Colonne de Lyon à Turin, & receuës enſemble dans vn meſme paquet ſeulement le 25. Auril. On expliquera en ſon lieu la maniere en laquelle a eſtè fait l'enuoy, tout eſt juſtifiè.

Ce n'eſtoit pas ſans doûte le Preſident Truchy qui faiſoit eſcrire ces Lettres à Maigrot, le Preſident n'auoit pas intereſt de ſupoſer que Maigrot cherchoit ſes complices, de feindre des voyages à Londres pour trouuer ou amener l'empoiſonneur. Ces impoſtures d'vn homme qui fait ſemblant de chercher ce qu'il ſçait bien qu'il ne trouuera pas, marquent aſſez que c'eſt luy ſeul qui veut continuer de tromper.

C 2

La

La circonſtance du temps auquel ces lettres ont eſtè eſcrites, merite vne reflection particuliere, c'eſt le 12. & le 16.
Auril, & l'impoſteur demandoit de l'argent, & ſuppoſoit vn
voyage qu'il alloit faire le lendemain pour l'Angleterre.

Pendant ce temps il eſtoit en commerce auec le Marquis
de Liuourne, mais il eſt auſſi certain que dès lors il luy auoit
dècouert ſa conſpiration; car le Marquis de Liuourne a meſme declarè, que dès le Lundy de Paſques au matin, qui eſtoit
le 15. Auril, Maigrot luy eſtoit venu dècouurir toute l'affaire.

On ne peut pas conceuoir comment Maigrot à portè ſon
inſolence iuſqu'à eſcrire encore apres cela à S. A. R. de Sauoye & au Preſident Truchy, pour continuer la ſurpriſe qu'il
leur auoit faite.

Cependant voicy comme le Marquis de Liuourne raconte
luy-meſme que la dècouuerte a eſtè faite.

*Le Lundy de Paſques, qui eſtoit le 15. Auril, Maigrot vint
du matin trouuer le Marquis, il y eſtoit venu pluſieurs iours auparauant, comme le Marquis dit l'auoir appris de ſes domeſtiques,
& que c'eſtoit pour luy dècouurir vne affaire de tres grande con-
ſequence, au ſujet de la dèpoſition qu'il auoit faite à Turin contre le
Marquis, à la ſuſcitation du Comte Colonne.*

Le Marquis de Liuourne fait venir trois perſonnes, vn nõ-
mè Aubert qui ſe dit Aduocat, & les Cheualier de ſaint Andrè
& de Beoux, il les fait mettre dans vne guarderobbe à coſtè
de ſa châbre, pour entédre la relation qu'on luy deuoit faire.

Ce fuſt de cette maniere que l'on dit que Maigrot fit la
declaration de l'affaire, laquelle fuſt redigèe en cinq feüilles
de papier. Aubert dit que de ſon coſtè il eſcriuit la meſme
choſe dans la guardarobbe où il eſtoit.

Ainſi voilà le Marquis inſtruit le 15. Auril. Le 16. & le 17. du
meſme mois il confere auec Maigrot, & le 18. il fait venir en
ſa maiſon le Commiſſaire Gallyot, & explique ce qui vient
d'eſtre dit, comme Maigrot l'eſtoit venu chercher; que le 15.

il auoit fait rediger ſa declaration,& qu'il deſiroit qu'il la fiſt
en Iuſtice.

A l'inſtant Maigrot qui eſtoit tout preſt dans la chambre
du Marquis, fait la relation de tout ce qu'il auoit depoſé à
Turin, auec vne exactitude & vne fidelité qui fait bien connoiſtre que quand il auoit fait ſa dèpoſition à Turin, il falloit qu'il euſt bien eſtudiée auparauant, pour s'en ſouuenir
ſi preciſement.

Il adjoute ſeulement plus particulierement, *d'où venoit la*
connoiſſance qu'il auoit euë auec Colonne, & comme il s'eſtoit engagé
dans ſa Compagnie, mais que depuis qu'il auoit eſté en Flandres auec
le Regiment il n'en eſtoit point party ; qu'il fuſt malade à Tournay
aux mois d'Aouſt & de Septembre, qu'il ſe confeſſa au Prieur des
Iacobins, qu'en reconnoiſſance de cela il fit pour leur Egliſe quelque
ouurage de broderie, & qu'il commença auſſi pour la femme de
Colonne deux corps brodez.

Enfin il explique de *quelle maniere il pretend que Colonne*
l'engagea de le ſuiure en Piemont , ſans luy rien declarer de ſon
deſſein ; qu'il luy dit ſeulement qu'il vouloit ſe ſeruir de luy en
quelque occaſion importante , & qu'il partageroit ſa fortune auec
luy, que Colonne eſcriuit pour auoir permiſſion de faire le voyage,
qu'ils partirent le deuxième Ianuier, qu'ils arriuerent à Riuoles le
deuxiéme Feurier, que ce fuſt en ce lieu que Colonne luy communi-
qua vne partie de ſon deſſein , & l'obligea de faire les deux
Lettres, comme ſi elles euſſent eſté eſcrites par Riuo, Eſcuyer du
Marquis de Liuourne ; que l'vn s'en alla à Turin , & l'autre à
Baudiſsè ; que Colonne de retour à Baudiſsè acheua de luy decla-
rer ſon deſſein , & luy auoit inſpiré de faire la dèpoſition telle qu'il
l'auoit faite à Turin,& laquelle il repete en propres termes , & qu'il
eſtoit venu en France ſous pretexte de venir querir les autres teſmoins.

Mais comme en reuelant toute cette mal-heureuſe intrigue, il cherchoit auſſi à ſe dècharger, il declare *qu'il n'a rien*
fait que par la ſuggeſtion de Colonne , & qu'il ne s'y eſt engagé

que dans la venuë d'empescher Colonne de se seruir d'vn autre qui n'auroit pas eu (come il dit qu'il a eu dès lors) l'intention de dècouurir vne si fausse calomnie, afin qu'elle n'eust pas plus grande suite.

Sur le champ le Marquis de Liuourne, le Commissaire Gallyot & Maigrot, vont chez le sieur le Ferron l'vn des Lieutenans Criminels du Chastelet, où on luy fait rapport de tout, le Lieutenant Criminel prend l'interrogatoire de Maigrot sur la declaration qu'il venoit de faire.

L'interrogatoire contient encore cela de particulier & de fort remarquable, sçauoir que Maigrot interrogé ce qu'il est venu faire à Paris, dit *qu'il y est venu pour trouuer le Marquis de Liuourne & luy dècouurir la calomnieuse accusation que l'on auoit formé contre luy, dont Colonne estoit l'autheur, & qu'il auoit esté enuoyè à Paris par le President Truchy, pour venir prendre & faire venir les tesmoins qui deuoient verifier la deposition qu'il auoit faite à Turin, sans que le President Truchy eut aucune connoissance de ce qui auoit esté concertè entre Colonne & luy rèpondant.*

Cette reconnoissance faite dans vn premier interrogatoire par cét homme qui auoit reuelè tout ce qu'il sçauoit au Marquis de Liuourne, chi ne cherchoit lors qu'à se decharger de la calomnie à laquelle il auoit eu part, & qui auoit vn notable interest d'en declarer les autheurs, est de la derniere importance pour l'èclaircissement de la veritè.

On le presse encore de declarer *s'il n'auoit point estè pratiquè à prix d'argent, pour deposer faux contre le Marquis de Liuourne.*

Il répond, que *c'est Colonne qui l'a pratiquè, à dessein de perdre le Marquis de Liuourne, & de s'auancer par sa ruine auprés de S. A. R. de Sauoye, qu'il luy auoit promis de partager sa fortune auec luy.*

On luy demande, *si on ne luy a pas donnè de l'argent.*

Il dit la chose comme elle est ; *Que le President Truchy lui avoit fait donner* 70. *Loüis d'or pour le voyage de Paris* ; & adjoute *qu'il en avoit donné* 27. *& demi à Colonne pour le dédommager des frais qu'il auoit fait de Flandres à Turin.*

On le presse encore de dire, *Si le complot de l'accusation n'avoit esté qu'entre lui & Colonne* ; car le Marquis de Liuourne cherchoit des autheurs à cette calomnie.

Maigrot conduit qu'il estoit par le Marquis, dit positiuement *que non, & qu'il n'y auoit qu'eux deux qui auoient connoissance de cette affaire.*

Là dessus on ordonne qu'il en sera informé, on arreste Maigrot prisonnier & on decrete contre Colonne, contre Besnard & contre l'homme Bossu, le decret est du 20. Auril.

Le 22. Auril on informe, & l'on fait entendre Aubert & les Cheualier de sainct André & de Buoux, qui estoient ceux que l'on auoit mis dans la gardarobbe pour écouter la reuelation de Maigrot.

Dés le 19. Auril, c'est à dire le lendemain de la declaration faite en Iustice par Maigrot, & de sa detention, le Marquis de Liuourne escrit au president Truchy. Il luy donne *aduis de ce que son innocence estoit décounerte par la declaration que Maigrot auoit faite de la faußeté de sa déposition ; qu'il estoit en lieu de seureté, d'où il pounoit reueler qui auoit esté son seducteur ; il prie le President d'interposer ses bons offices pour decounrir plus clairement la verité, il se loüe de la generosité de S. A. R. & de l'honnesteté du President, en ce qu'ils en auoient vsé auec tant de circonspection & d'equité, apres auoir appris vne telle conspiration qu'on lui suposoit, & remplit sa Lettre de cent autres témoignages d'estime & d'amitié pour le President.*

Le Marquis enuoye aussi à Lyon pour y faire arrester Colonne en vertu du Decret.

Voilà ce qui se faisoit à Paris, voicy ce qui se passe en Sauoye.

Maigrot

Maigrot auoit escrit à S.A.R. & au President les quatres Lettres dont on vient de parler, & qui sont dattees, deux du 12. deux du 16. Auril, & encore deux autres des mesmes dattes à Colonne. Toutes ces Lettres quoy que de differentes dattes, sont portees à Lyon dans vn mesme paquet par vn mesme Courier, nommé Pelletier, qui arriue en cette Ville-là en la Compagnie du nommé la Place, Escuyer du Marquis de Liuourne, pourteur du Decret, pour faire arrester Colonne. Ils arriuent à Lyon le 22. Auril.

Ainsi d'vne part le Courier Pelletier porte à Colonne le paquet de Maigrot, Colonne aussi-tost va trouuer le sieur Pasturel Agent en cette Ville-là pour S. A. R. de Sauoye, il luy dit qu'il vient de receuoir vn paquet par vn Courier extraordinaire qui estoit venu de Paris en trente-neuf heures; que c'estoit pour vne affaire qui regardoit le seruice de S.A.R. son Maistre, & qu'il falloit dépecher vn Exprés pour le luy porter. Il y joignit vne lettre, par laquelle il mandoit au President comme son amy luy auoit enuoye vn Courier de Paris, qu'il luy mandoit qu'il auoit trouue les deux personnes, & particulierement celuy qui importoit le plus, & qu'ils estoient tout prests de venir à Turin; que cèt amy demandoit qu'on luy enuoyast soixante pistoles.

Pasturel dèpecha vn Courier nommè Dèclè, qui porta le paquet à Turin, où il fut receu le 25.

D'autre part, l'Escuyer du Marquis de Liuourne, qui estoit arriuè à Lyon auec le Courier pourteur du paquet, fait ses diligences pour faire arrester Colonne. Il le fait arrester en effet le 26. Auril, il fait inuentorier les papiers dont il fust trouuè saisi, & incontinent apres il le fist traduire à Paris.

Ce ne fust qu'apres tout cela que l'on fust aduerty en Sauoye de la dètention de Colonne, soit par l'aduis que Pasturel en donna, soit par la lettre que le Marquis de Liuourne escriuit au President Truchy, dattee du 19. Auril. Le tèmoignage que

rend

rend le Marquis dans cette Lettre de l'integritè, de la sinceñ
ritè & de la conduite du Prefident en cette affaire, ne fera pas
fans doute fufpeɛ, & il ne fçauroit eftre ny plus precis , ny
plus auantageux.

Le Prefident Truchy refcriuit au Marquis de Liuourne,
qu'il auoit fait voir fa Lettre à S. A. R. qui auoit produit dans fon
efprit des effets de fa grande juftice qui ne pouuoit pas fouffrir le
feul nom de fauffeté & qu'il contribuëroit de tout ce que dependroit de
luy pour la faire punir; le Prefident luy tefmoigne de fa part l'hor-
reur qu'il a de telles impoftures, & qu'il fera faire auec ardeur la
recherche de la veritè, adjoûtant *que Dieu ne permettoit jamais*
que l'innocence fut opprimée.

Iufques icy l'on a veu de quelle maniere cette calomnie
s'eftoit formee & s'eftoit conduite,& par quelle voye auffi
elle s'eftoit decouuerte . Il faut voir maintenant d'vne part,
ce que la Cour de Sauoye a fait pour en donner les eclairciffe-
mens, & de l'autre ce que les impofteurs ont fait, & particulierement Colonne,pour obfcurcir la veritè,& à quelles extremitez fon defefpoir l'a jettè.

De la part de la Cour de Sauoye on a fait deux chofes qui
juftifient que l'on n'a rien obmis pour decouurir la veritè
& aider la juftice.

La premiere a eftè, que le Comte Ferrere Ambaffadeur de
Sauoye aupres du Roy, dès qu'il a eftè informè de l'affaire,
à mis tout en œuure pour la recherche de la veritè.

Il y auoit dans la declaration de Maigrot , plufieurs faits
qui pouuoient eftre de la connoiffance des Officiers du Regiment Ducal de Piemont,& qui alloient à dètruire les dépofi-
tions faites à Turin; incontinent l'Ambaffadeur enuoye des
memoires au Colonel du Regiment, fans luy donner à con-
noiftre le fujet pour lequel on faifoit cette perquifition, afin
que la veritè fe decouurit auec plus d'ingenuitè.

L'on enuoye à l'Ambaffadeur des certificats paffez parde-

D

uant

ſant Notaires à Liſle, le 16. May, par le Lieutenant, le ſous-
Lieutenant de la Compagnie de Colonne, par quatre Capi-
taines, & pluſieurs autres Officiers du meſme Regiment, qui
contiennent la verité de pluſieurs faits contenus en la declaration de Maigrot, & contraires à ceux de la depoſition faite
à Turin, & ſur tout que depuis qu'il s'eſtoit engagè dans la
Compagnie de Colonne, qui fut le 4. ou 5. Mars 1674. & qu'il
eſtoit venu à Tournay auec la recreuë, au mois de Iuin, il ne
l'auoit point quittee iuſqu'au 2. Ianuier 1675. qu'il partit auec
Colonne pour aller à Turin , & ſeulement que pendant ce
temps il auoit eſtè malade a l'extremitè dans l'Hoſpital de
Noſtre-Dame à Tournay.

L'Ambaſſadeur enuoya à la Cour de ſon Prince toutes les
preuues qu'il auoit pû recueillir pour juſtifier la fauſſetè de
la depoſition & la calomnie ; ce n'eſtoit pas la conduite de
perſonnes animees, qui euſſent deſſein de la faire valoir.

L'on fit auſſi vne information en Sauoye pardeuant le Senateur Leona, qui prit les depoſitions du Comte Mayan, cy-
deuant Colonel du Regiment de Piemont, & de ſon Valet de
Chambre, qui ſe trouuerent en Piemont, & qui auoient eſtè à
Tournay dans le temps que Maigrot diſoit y auoir eſté ſoldat, leſquelles juſtifient clairement la ſurpriſe & la ſupoſition
qui auoit eſtè faite à S. A. R. & à ſes Miniſtres.

La ſeconde choſe que l'on fit, fut que S. A. R. de Sauoye
chargea ſon Ambaſſadeur d'informer le Roy de la decouuerte qu'il auoit faite de l'impoſture de Colonne & de Maigrot,
& de faire inſtance pour les faire renuoyer à Turin pour en
faire vn exemple. L'ordre luy en fut donne par Lettre du
24. May.

L'Ambaſſadeur informa incontinent le Roy & ſes Miniſtres de la decouuerte qu'on auoit faite de la calomnie, & demanda le renuoy des priſonniers. Le crime auoit eſtè commis en Sauoye, les depoſitions y auoient eſtè faites, les Officiers

ciers de S. A. R. estoient saisis de l'affaire, Colonne qui estoit le principal accusé estoit son Subjet, toutes choses concou-roient à faire obtenir ce renuoy.

Mais l'amor que ce Prince auoit pour la justice, fit que l'on chargea aussi l'Ambassadeur, qu'en cas que le Roy fit dif-ficulté de renuoyer Maigrot à cause qu'il estoit son Subjet, de les abandonner plûtost tous deux aux Officiers du Roy, afin qu'vn crime si enorme ne demeurast pas impuny, com-me il l'auroit esté si l'on en eust diuisé l'instruction & le ju-gement, & si Colonne auoit esté renuoyé à ses Iuges en Piemont, & que l'on eust retenu Maigrot.

Cette conduite pleine de generosité de la part de S. A. R. de Sauoye & de ses Ministres, fait voir qu'ils n'ont jamais pris d'autre part en cette affaire, que celle de la Iustice, & que si les Ministres ont agy auec zele pour l'interest du Prin-ce, lors qu'ils ont esté surpris par la fauss nouuelle d'vne conspiration, ils n'ont pas esté moins zelez pour faire punir la calomnie quand elle à esté decouuerte.

Dans l'interualle de temps pendant lequel on traitoit de cette difficulté concernant le renuoy, arriua de funeste chan-gement par la mort de S. A. R. de Sauoye, qui sera vn sujet eternel de regret à ses Peuples, mais qui ne changea rien dans l'esprit de justice auec lequel cette affaire auoit esté conduite.

Voilà ce que fait la Cour de Sauoye pour la decouuerte de la verité, & pour la punition du crime ; voicy ce que fait Colonne pour se tirer d'vne si horrible accusation, & à quelles extremitez enfin il se porte.

D'abord qu'il fust transfere dans les prisons du Chastelet, & qu'il fut interrogé, il s'etonne & s'embarasse, incertain de ce qu'il deuoit auoüer ou denier, tout luy fait peine, l'image de son crime l'epouuentoit & le troubloit.

On luy demande *s'il connoissoit Maigrot*, c'estoit vne de-mande où il n'y auoit pas à hesiter.

D 2

Cepen-

Cependant Colonne apres auoir long-temps refué à ce qu'il auoit à repondre, demande *quel homme c'eſtoit que Maigrot*, & enfin il ſe reſout à dire *qu'il le connoiſt*.

On luy demande *d'ou eſt venu leur connoiſſance*.

Il s'auiſe de dire, *qu'il ne ſçait pas de quel Maigrot on luy vouloit parler, mais qu'il ne ſçait pas où il l'a connu, & depuis ayant encore reſué vn peu de temps, il dit qu'il l'a connu à Turin*.

Interrogè *s'il ne ſçait pas qu'il ſe fait encore appeller d'vn autre nom que celuy de Maigrot*, il dit *que non*. Et comme on perſiſte à luy demander *s'il ne ſçait pas qu'il ſe fait appeller Sainte Croix*, il dit dans le trouble de ſon eſprit, *qu'il ne l'a iamais oüy nommer autrement que du nom de Maigrot*.

Cependant ce Maigrot qu'il ne connoiſſoit point tout à l'heure qu'il nie de connoiſtre ſous le nom de Sainte Croix eſt le meſme à qu'il reconnoiſt dans la ſuitte de ſon interrogatoire *auoir eſcrit de Lion & auoir receu ſes Lettres, & qu'il n'y auoit pas plus de quinze iours qu'il luy auoit eſcrit ſa derniere Lettre*, qui eſt adreſſee au Cheualier Sainte Croix.

On l'interroge en ſuite ſur la depoſition qu'il auoit faite à Turin, il reconnoiſt en auoir fait vne, mais cét homme eſt de ſi courte memoire, que quand on luy en demande le ſujet, il dit *qu'il ne ſe ſouuient pas, & que ſi on luy en vouloit lire quelques mots, il s'en ſouuiendroit*. C'eſtoit-là vne matiere fort facile à mettre en oubly.

Mais ce qui l'obligeoit à parler de la ſorte, c'eſtoit le trouble de ſon eſprit & la penſee que ſon crime luy ſuggeroit, qu'en deniant la pluſpart des choſes qu'on luy demandoit, il rendroit la preuue plus difficile.

Cependant il adioûte incontinent, *que Maigrot l'auoit bien pû dire, parce qu'il auoit depoſé deux fois, & que pour luy il n'auoit depoſé que ce qu'il auoit oüy dire à Maigrot touchant vne affaire qui regardoit le Marquis de Liuourne*, & il reconnoiſt en fuite la plufpart des chofes qu'il auoit depofees, perfiftant en ce qu'il auoit dit.

D'autre part, il defauouë les chofes les plus conftantes & les mieux prouuees, quand il croit qu'on en peut tirer quelque mauuaife induction contre luy.

Il dénie *auoir employé Maigrot à faire fes recruës à Briançon,* quoy que cela foit pleinement juftifié.

Il dénie *que Maigrot foit venu en Flandres vers la fin de Iuin de l'année 1674. & qu'il ait demeuré à Tournay depuis ce temps-là, jufqu'au commencement de Ianuier 1675.*

Il dénie *que Maigrot ait trauaillé à deux corps brodeZ pour fa femme.*

Il dénie de *s'eftre feparé de Maigrot à Riuoles, & foûtient qu'ils furent tous deux enfemble à Turin.*

Il dénie *d'auoir fait écrire les deux Lettres fuppofees de la part de l'Efcuyer du fieur de Liuourne.*

Il dénie *que Maigrot ait efté à Baudiffe.*

Toutes ces denegations marquent l'embarras où il eftoit.

Maigrot paroit plus ferme ou mieux inftruit dans fon interrogatoire ; il fuffira d'obferuer qu'il a declaré dans cét interrogatoire, *qu'il auoit efté trouuer le Marquis de Liuourne vn des iours de la Semaine Sainte.* Ce qui ne fe rapporte pas à ce qui a efté dit dans la plainte, *qu'il ne l'auoit veu que le Lundy de Pafques.*

Mais de plus, fur ce qu'on luy demande *s'il auoit efcrit à Colonne depuis qu'il eftoit efloigné de luy,* il répond *qu'il ne luy a point efcrit que depuis qu'il a eu parlé au Marquis de Liuourne, qu'il a mis fes Lettres entre les mains du Marquis, ou de fon Efcuyer, & que dans le temps qu'il luy parla il efcriuit vne Lettre au Prefident Truchy pour le prier de n'eftre point en peine de ce qu'il tardoit, dautant qu'il auoit efté obligé d'aller en Angleterre pour auoir vn des hommes qu'il cherchoit.*

Cela juftifie toujours comme cét impofteur à continué d'abufer buſer de la creance du Preſident Truchi, en luy faiſant croire qu'il luy meneroit les complices de la conjuration depuis le temps meſme qu'il en auoit reuelee la calomnie au Marquis de Liuourne.

A la confrontation, Colonne paroiſt dans le meſme trouble qu'il auoit fait dans ſon interrogatoire; à la premiere veuë de Maigrot, il declare *qu'il ne le connoiſt point, & que celuy qui a depoſè à Turin eſt vn meſchant* (adioûtant vne vilaine injure) *auquel on ne doit adjouſter aucune foy, & pour colorer la méconnoiſſance* il dit *que celuy dont il auoit parlé n'auoit point de perruque, comme en auoit vne celuy qui eſtoit preſent.* On oſte la perruque à Maigrot, & Colonne eſt obligé de le reconnoiſtre.

Maigrot jouë mieux ſon perſonnage, & fait connoiſtre qu'il n'eſtoit pas égaré comme Colonne, mais qu'il eſtoit plus ruſè. Il vſe neantmoins d'vne fort meſchante couleur, quand il dit *que lors qu'il a depoſé à Turin, ce n'a eſté que dans l'intention de venir dire la verité à Paris.*

Pendant que l'on faiſoit cette inſtruction, Colonne faiſoit mouuoir toutes ſortes de machines pour obliger S. A. R. de Sauoye à le vendiquer. Il auoit bien propoſè ſon renuoy, dans la penſee qu'il auoit que l'accuſation pourroit eſtre diuiſee, parce qu'il ſe doutoit bien qu'on ne relaſcheroit point Maigrot, ou dans l'eſperance de ſe ſauuer par les chemins, mais il ſçauoit auſſi qu'il luy eut eſté plus auantageux que ſon Prince l'eut vendiquè que non pas d'obtenir ſon renuoy de luy-meſme. Il a eſcrit pluſieur Lettres pour ſolliciter ce renuoy, & ainſi il n'auoit garde qu'il ne perſitaſt à ſoûtenir la depoſition qu'il auoit faite, parce qu'il ſe perſuadoit que l'on ſeroit plus diſpoſé à attirer l'affaire en Sauoye, quand on croiroit qu'il s'agiſſoit d'vne conſpiration contre le Souuerain & contre ſon Miniſtre. C'eſtoit la ſperance qui a toujours ſoutenu ce mal-heureux dans la priſon.

Il

Il y a plusieurs Lettres qu'il à escrit en Piemont pendant sa detétion au Chastellet, lesquelles justifient l'empressement qu'il auoit d'engager les Ministres de Sauoye à solliciter son renuoy, sous pretexte qu'il promettoit de fournir les preuues de ce qu'il auoit auancè dans sa deposition; mais on n'a donné aucunes creance aux suppositions dont ces Lettres qui sont du 19. & 31. May, 30 Iuin, & 16. Iuillet 1675. sont remplies, & on ne les a considerees que comme vne suite de la fourbe & de l'imposture.

Il est vray que l'Ambassadeur a fait instance aupres du Roy pour obtenir ce reunoy, parce que l'on croyoit que c'estoit vne chose importante pour l'Estat de Sauoye, de faire vn exemple à Turin de cet imposteur & de son complice; mais il est vray aussi, que le desir de faire rendre justice l'a emportè sur les considerations d'Estat.

L'Ambassadeur auoit receu l'ordre de S. A. R. par sa Lettre du 24. May, de donner les mains au jugement, & de remettre les pieces en cas que le Roy n'accordast pas le renuoy de Maigrot; mais la mort de S. A. R. estant arriuee auparauant que le Roy eust fait rendre reponse, l'Ambassadeur ne creust pas deuoir executer son premier ordre, qu'apres en auoir receu vn noueau de Madame Royale Regente, apres lequel il abandonna aussi-tost le prisonnier, & offrit à Monsieur de Pomponne Secretaire d'Estat, de remettre les pieces de conuiction entre les mains de qui il plairoit au Roy d'ordonner. L'ordre du Roy pour la remise des pieces ayant estè differè, quelques sollicitations que l'Ambassadeur eust faites pour le faire donner, & l'Ambassadeur ayant estè obligè de faire vn voyage à Aumale, l'ordre n'est venu que depuis, & Colonne se trouua jugè auant que la remise des pieces ait pu estre faite au Procureur du Roy, comme l'on verra dans la suite.

Colonne qui cherchoit de tous costez à se soustraire à la

Iustice

Iuſtice, inuente encore trois ſortes de ſtratagemes pour ſe tirer de l'eſtat où il eſtoit.

L'vn eſt de taſcher de ſe deliurer de Maigrot, c'eſtoit celuy qui luy faiſoit obſtacle & qui auoit trahi ſes deſſeins, il medite de faire ce qu'il pourra pour l'empoiſonner, & pour cela il eſcrit à vn des plus intimes amis, qu'il auoit en Piemont, appellè Tibaldy, Secretaire du Comtè de Baudiſſe. *Il luy apprend la trahiſon que Maigrot luy auoit faite par la depoſition contraire à celle de Turin, il teſmoigne de l'eſperance de retourner bien toſt dans ſon Païs; mais cependant il declare à ſon cher Tibaldy, qu'il eſtoit temps de luy donner ſon aſſiſtance; qu'il falloit par toutes ſortes de raiſons qu'il fit ſauter ce faux amy, & le prie de luy enuoyer du poiſon dans vne Lettre bien cachetee; qu'il ne falloit pas perdre temps à cela, qu'il n'y auoit perſonne à Paris à qui il ſe puſt fier de cette affaire de crainte d'eſtre decouuert, ny trouuer vn moyen plus aſſeurè que de ſe ſeruir de Tibaldy; qu'il falloit que le poiſon fuſt du meilleur & du plus fort, y trauailler promptement & prendre garde de ne confier ce ſecret à ame viuante; qu'il falloit le mettre dans vne demie fuüille de papier, que l'on cacheteroit en façon de Lettre, ſans eſcrire rien au dedans, mais ſeulement l'inſcription au deſſus, qui ne fut pas de la main de Tibaldy, la cacheter auſſi ſans vſer de ſon cachet, & porter ce pacquet à vn nommé Marignan, couſin de Colonne, qui le luy feroit tenir.*

Cette Lettre à la veritè ne pas dattee ny ſignee de Colonne; mais elle eſt reconnuë eſcritte de ſa main, & fait voir de quelles entrepriſes cet homme eſtoit capable, & à quelles extremitez la fureur le pouuoit porter. On connoiſt aſſez que la Lettre eſt eſcritte dans le temps qu'il ſolicitoit ſon renuoy à Turin.

On ne ſçait pas ſi Colonne changea de reſolution, ou s'il prit d'autres meſures pour l'execution de ſon deſſein; mais il eſt vrai que par vne autre Lettre eſcritte au meſme Tibaldy

dy, il ... qu'il luy avoit donné, supposant que
ses a... avoient changé de faces, & qu'il esperoit d'aller
...tost à Turin...

Il adjousta seulement, qu'il auoit escrit à la Comtesse de Colonne
à sa femme de mettre les bustes ou corps brodez dans vn lieu où on ne les
trouuast pas, mais qu'on les mist hors du logis en vn lieu asseuré, &
cela pour des considerations particulieres: c'estoient les deux corps
brodez que Maigrot auoit commancez à Tournay & acheuez
à Baudissé, Colonne auoit denié que Maigrot eust esté à Baudissé, & c'estoit sans doute pour cela ou pour quelque autre
consideration qu'il apprehendoit qu'il donna l'ordre qu'on ne les
trouuast pas dans sa maison.

L'vne & l'autre de ces Lettres ont esté interceptées, on n'en
a rendu aucune à Tibaldy, & elles n'ont pas peu seruy à confirmer le President Truchy & tout le Conseil de Sauoye, dans
la pensée que c'estoit vn imposteur, & à luy faire refuser la
protection qu'il demandoit.

Lors que Colonne vit que ces premiers stratagemes ne luy
reüssissarent pas; & que la Cour de Sauoye s'attachoit plûtost
à faire faire justice qu'à le vendiquer, il s'aduisa d'vn autre stratageme bien plus criminel, & l'on verra qu'il ne coustoit rien
à cet esprit, d'engager dans son affaire les personnes les plus
qualifiées & les plus gens de bien ; il faut auoir l'imagination
bien subtile & bien corrompuë tout ensemble, pour inuenter
la supposition que l'on va entendre.

Il escrit deux Lettres, l'vne à Madame Royale, l'autre au
President Truchi, le 21. Aoust 1675. qui contiennent l'vne &
l'autre, qu'il y auoit quelques iours que le Sieur Robert Procureur du
Roy au Chastelet, l'estoit venu voir, & qu'auec grande ciuilité il luy
auoit dit qu'il estoit bien fasché de le voir en l'estat où il estoit ; qu'il le
seruiroit volontiers ; connoissant bien que ce qu'il auoit fait estoit sans
doute à la persuasion de quelque grand Seigneur ; qu'il sçauoit que le
President Truchy estoit la cause de cette affaire, qu'il estoit vn fou de

E   souffrir

souffrir la cause du Président, qu'il luy [illegible]
que l'avoit incité à faire la deposition [illegible], pour perdre entierement le Marquis de Livourne, & que s'il faisoit cela le Sieur
Robert le mettroit en liberté, que s'il ne vouloit pas se fier à luy, il luy
envoyeroit une personne de qualité à qui il auroit pu dire [illegible] ;
que s'il ne vouloit pas faire la deposition entre les mains du Lieutenant
Criminel, il luy feroit venir un autre Iuge devant lequel il feroit sa
deposition, luy faisant entendre que S. A. R. de Savoye devant sa mort
avoit dit à Madame Royale, qu'il vouloit proteger le Marquis de Livourne, parce qu'il connoissoit que l'accusation estoit fausse, & que le
Sieur Robert adjouta que Colonne ne pouvoit esperer aucune justice des
Ministres de Turin, parce qu'ils sçavoient que le tout estoit faux. Colonne escrit qu'il repondit au Sieur Robert qu'il estoit estonné qu'un
Ministre de sa sorte fust capable de chercher semblable chose d'un pau-
vre miserable, & que le Sieur Robert luy repliqua, que ce qu'il disoit
estoit à bonne fin, parce qu'il voyoit que Colonne estoit abandonné de
tout le monde, que Colonne repartit qu'il estoit bien obligé à sa bonne
volonté, mais qu'il n'estoit pas capable de faire une semblable friponn-
nerie. Il adjoûte, que ses ennemis se servoient de toutes sortes de efforts pour le perdre & faire paroistre leur innocence, mais que Dieu
estoit juste. Il supplie Madame Royale de donner ordre à son Ambassadeur, de demander positivement au Roy son renvoy.

Vne invention si detestable fait horreur à ceux qui l'enten-
dent raconter. Le dessein de Colonne estoit de decrediter la
conduite des Officiers du Chastelet, & particulierement de
celuy que l'on peut dire estre l'ame d'vn procez criminel, d'in-
spirer à la Cour de Sauoye des defiances, & de l'engager tellement à prendre son party, que l'on fut interessé à le faire sortir
d'entre les mains des Iuges où il estoit; car il n'y a personne que l'on ne fist trembler, de dire qu'vn Procureur du Roy
seroit venu solliciter vn criminel d'accuser les Ministres de Sauoye d'estre les autheurs & les complices de sa calomnie. Colonne se persuadoit que l'on ne manqueroit pas aussi-tost à la
Cour

qu'il seroit possible, & d'employ-
er tout le credit du Prince pour obtenir le renuoy de l'affaire qui se trouuoit entre les mains d'Officiers si dangereux &
capables d'vne telle subornation, où l'honneur d'vn Ministre
se trouuoit interessé.

Mais ce meschant artifice produisit vn effet tout contraire
à celuy que Colonne s'en estoit promis. Le Conseil de Sauoye
informé de l'integrité du Sieur Robert Procureur du Roy, &
qu'il n'estoit pas capable de prester son ministere à vne si horrible seduction, jugea que c'estoit vn coup du desespoir & de
la fourbe de Colonne, qui n'epargnoit personne pour essayer
de mettre ses crimes à couuert. Et bien loin de persister à le
vendiquer, cela fut cause qu'on l'abandonna entierement à la
justice des Officiers du Roy, le Conseil de Sauoye demeurant
persuadé, que puisque cet homme auoit esté assez impudent
pour suposer à S.A.R. vne fausse accusation contre le Marquis
de Liuourne, il auoit bien aussi esté capable de suposer à M. R.
vne telle calomnie contre le Sieur Robert, Procureur du Roy.

Cette grande Princesse vsant en cette occasion de la mesme prudence auec laquelle elle gouuerne si glorieusement ses
Estats, ne voulut pas qu'on publiast cette Lettre.

Il ne faut pas s'etonner que Colonne ait esté capable de
toutes ces meschancetez, on a appris qu'il s'estoit appriuoise
auec le crime, & qu'il auoit commis vn assassinat en la personne du Chastellain de Baudisse, où il estoit Seigneur, pour
lequel ayant esté accusé, les Iuges furent partagez entre la con-
damnation à la mort & à la question, & il souffrit la derniere
auec vne fermeté qui ne venoit que d'vn furieux endurcisse-
ment au mal.

Enfin Colonne se voyant abandonne par la Sauoye, s'abandonna luy-mesme à son propre desespoir, & entra dans vne
espece de fureur, & voicy le dernier stratageme auec lequel il
mit fin, & à ses impostures & à sa vie: il medita de faire luy-

                    mesme

mesme ce qu'il estoit [...] que le Sieur [...] fust
Procureur du Roy, luy auoit suggeré, il se mit en teste d'accuser le President Truchy & le Senateur Leone; il ne peut plus
soutenir le poids de sa calomnie, il s'en veut decharger sur
d'autres; mais s'en decharger sur des personnes puissantes,
dont la consideration le puisse tirer de l'estat auquel il estoit,
ou serue du moins à embarasser tellement l'affaire, qu'on ne le
puisse juger. Les gens qui se noyent se prennent à ce qu'ils
peuuent, & ne laschent point prise qu'ils n'ayent ou forcé ceux
à qui ils s'attachent à les sauuer, ou qu'ils ne les ayent entraîs-
ne auec eux.

Telle fut la fureur de Colonne de s'attacher au President
Truchy & au Senateur Leone, ils sont innocens, c'est à cause
de cela qu'il faut qu'ils seruent à sauuer vn coupable : Il fau-
dra bien du temps & bien des èclaircissemens pour demeler
les vns d'auec les autres. Et comment pourra-t'on jamais con-
cilier les Iurisdictions? ce sont des personnes de grande digni-
tè, & c'est aussi pour cela qu'il les faut engager dans vne affaire,
afin que leur nom soit vn azyle pour le veritable criminel.

Ce n'est point vne vision qui soit auortee dans l'imagination de cet imposteur où elle auoit esté conceuë : il a ètudie
comment il pourroit faire reüssir cette entreprise; il en a fait
confidence à quelques-vns de ses amis pour les engager à l'ay-
der dans son dessein; & il s'en est explique à eux comme du
seul moyen qui luy restoit de se sauuer. Ils ont eu beau luy
representer que ce n'estoit pas se justifier que de se vouloir
sauuer d'vn crime pour vn autre, il ne leur a fait autre reponse, sinon que tous moyens deuenoient legitimes quand il estoit
question de sauuer sa vie; & que puis qu'on l'abandonnoit
à la Iustice du Roy, il falloit tout oser, tout tenter, & tout
hazarder.

Les personnes à qui il en a parlè sont encore viuantes, on
les peut entendre, ils l'ont veu dans ces emportemens de desespoir,

ſes particulieres meſme apres auoir tenté d'auoir des certiſi-
cats pour prouuer comme ny Maigrot, ny Sainte Croix n'a-
uoir point eſtè Soldat dans ſa Compagnie, & qu'il euſt de cer-
taines Lettres de Piemont qui luy apprenoient qu'on l'abandonnoit à la Iuſtice. Ces perſonnes auroient depoſe en Iuſtice dans toutes les formes ſi la mort n'auoit mis Colonne en
eſtat de ne luy pouuoir faire ſon procez ſur cela.

Mais on a neantmoins tout ce qu'on peut auoir de preuues
en vne telle occaſion, c'eſt à dire des atteſtations en bonne
forme, paſſees pardeuant Notaires de perſonnes domiciliees,
qui ne peuuent point eſtre ſuſpectes & qui ont confirme leur
temoignage par la religion du ſerment: l'vne eſt d'vn nommé
Iacques Cardon Bourgeois de Paris, qui eſtoit amy de Colonne. Il atteſte que Colonne le pria de certifier vne depoſition
dont il luy donna copie, contenant, *Que luy Cardon auoit de-*
meuré auec Henry Beſnard Peintre, & qu'il auoit veu & viſité ſou-
uent le nommé Benoiſt Maigrot, dit le Cheualier de Sainte Croix Pe-
intre durant les mois d'Octobre, Nouembre & Decembre de l'annee
derniere; ce que luy Cardon, ne voulut point faire parce qu'il n'auoit
iamais connu ny Beſnard ny Maigrot, que Beſnard meſme eſtoit vn
nom en l'air, & qu'il auroit fait vne fauſſe depoſition; mais qu'vne
autre fois Colonne l'ayant prié de le venir voir, il le ſolicita encore de
luy rendre ce ſeruice; mais qu'il adjouta que d'quelque maniere que
ſon affaire tournaſt, elle ne pouuoit aller que bien, qu'il y auoit vne
perſonne de conſideration qui luy auoit dit, que s'il vouloit jetter la fau-
te ſur quelqu'vn, on le tireroit d'affaire, ce qu'il feroit s'il ſe voyoit
abandonné, & qu'il y intereſſeroit des gens de la premiere conſideration
en Piemont qui ſeroient obligez pour leur honneur de le retirer; ce qu'il
ne feroit neantmoins que dans la derniere extremité, mais qu'il ne cro-
yoit pas en auoir à faire.

L'autre eſt d'vn nommé M. Loüis Soru Aduocat au Parlement, qui declare pour la decharge de ſa conſcience, *Que le*
Sieur Colonne l'auoit prié de le ſecourir, luy diſant qu'il eſtoit inno-
cent,

tenu, & de voir l'Ambaſſadeur de Savoye pour luy porter une Lettre
cacheté, & quelques certificats qu'il pretendoit ſervir à ſa juſtification, qu'il eſtoit retourné une ſeconde fois chez l'Ambaſſadeur qui luy
avoit deffendu de revenir davantage l'importuner de cette affaire, at-
tenda (diſoit-il) que les certificats eſtoient faux, & qu'il en avoit de
contraires ; Qu'encore une autre fois luy Soru ayant apporté à Colonne
une Lettre qui venoit de ſon pais, Colonne luy dit qu'on le vouloit perdre ; mais qu'il embaraſſeroit des gens dans ſa perte, qui ſeroient engagez à le tirer d'affaire : Soru luy dit qu'il falloit bien prendre garde à
ne pas s'engager mal à propos, & Colonne reſpondit qu'il falloit tout
mettre en uſage pour ſauver ſa vie, & ſes biens ; & que les gens qu'il
engageroit eſtoient des premiers du Conſeil de Savoye, & entre les mains
de qui toutes les affaires paſſoient : & que ſe voyant engagez dans l'affaire, ils ſeroient obligez de l'en tirer. Soru luy remonſtra que c'eſtoit
mal fait d'impliquer comme cela dans une accuſation des perſonnes innocentes, Colonne repartit que déja s'il avoit dit ce que l'on vouloit tirer de lui, il y auroit long-temps qu'il ne ſeroit plus priſonnier, qu'il y
avoit des perſonnes d'authorité qui lui avoient promis que s'il vouloit
jetter la faute ſur quelqu'un on le mettroit en liberté, de quoi il auroit
donné advis à la Cour de Savoye, & fit voir une copie de Lettre qu'il
avoit ecrite à Madame Royale ſur cela, qu'il avoit toujours eſperé qu'-
elle feroit quelque choſe en ſa faveur ; mais que voyant qu'on n'en vouloit rien faire, il parleroit contre les Miniſtres & mettroit tout en uſage
pour ſauver ſa vie. Il ſollicita Soru de voir encore l'Ambaſſadeur, ce
qu'il ne voulut pas faire ; enſuite dequoi Colonne s'emporta, & lui dit
que puis qu'il eſtoit abandonné il jouëroit de ſon reſte pour ſe liberer à
quelque prix que ce fut, & que les perſonnes qu'il engageroit ſeroient
obligez de le retirer ; Il nomma le Preſident Truchy & le Senateur
Leone : Soru lui demanda s'ils avoient ſçeu l'affaire avant qu'il leur
en eût parlé, il fit reponſe que non, & que ce qu'il en feroit n'eſtoit que
pour ſe liberer du malheur où il eſtoit. Soru lui dit qu'il ne lui con-
ſeilloit pas d'uſer de telles voyes, & que s'il le faiſoit, il ſe trouveroit
obligé en conſcience de les en advertir ; Colonne lui repliqua qu'il eſtoit

un

tefioit, & que l'honneur & la vie eftoient plus chers que toutes chofes. Soru lui fit entendre que cela eftoit plus capable de le perdre que de le foulager; mais Colonne dit qu'il tournerroit fi bien l'affaire qu'il feroit à couuert de tout; Soru le preffa de n'en rien faire, & le menaça fi bien que s'il accufoit ces perfonnes là, il les en aduertiroit, & ne garderoit point le fecret; que Colonne fut obligé de lui promettre qu'il n'en feroit rien; & Soru auffi s'engagea à ne rien dire, que quelques iours apres Soru lui porta vne autre Lettre de Piemont, à la lecture de laquelle, Colonne s'ecria, c'eft à ce coup qu'il faut mettre tout pour tout, je fuis abandonné, je mettray tout en vfage; Qu'il le retourna voir le lendemain & le trouua malade, que le Mardy enfuiuant, il y retourna encore, & que Colonne lui dit qu'vne perfonne d'authorité l'eftoit venu voir, & lui auoit promis que s'il vouloit jetter la faute fur quelqu'vn, on le tireroit d'affaire, & qu'auffi-toft qu'il auroit confeffé, on le mettroit en liberté: il dit qu'il accuferoit les Miniftres de Savoye, Soru lui fit les mefmes remonftrances, & les mefmes menaces qu'il auoit faites les iours precedans, puis qu'il lui auoit reconnù que ces perfonnes eftoient innocentes, & ne fçauoient rien de l'affaire; Colonne infifta, difant, que ce qu'il en feroit n'eftoit que pour fortir de prifon auant que le procés fut iugé, & pour s'en aller, & que ceux qu'il impliqueroit dans l'affaire s'en tireroient bien, Soru luy repartit qu'il ne falloit pas s'y fier, & apres l'auoir encore menacé de le declarer, Colonne promit de n'en rien faire, que le foir de la mefme journée il retourna pour le voir & le trouua en fieure chaude, & raconte ce qui fe paffa en fuite, & dont on va parler.

Soru adjoûte à la fin, qu'il a crû eftre obligé en confcience de faire cette declaration apres en auoir conferé auec des Docteurs, des Ecclefiaftiques & des perfonnes de Robe, pour feruir de temoignage à la verité.

Colonne agité entre l'apprehenfion du fupplice & l'efperance de s'en tirer par la continuation de fes intrigues, roulant cette derniere impofture dans fon efprit, tomba dans la fieure & dans la frenefie, & ainfi ce fuft le dernier objet dont

son

son imagination se trouua remplie & echaufée lors qu'il deue meura malade.

Sotu declare dans son attestation ; *Que le soir mesme du Mardy qu'il luy auoit parlé, qui estoit le 15. Octobre, il le trouua en fieure chaude & hors d'estat d' parler d'affaire, dans lequel estat il le vid encor la veille qu'il fut jugé sur les six heures du soir,* & que le Samedy qui estoit le 19. s'estant presenté à la porte de la prison pour luy parler, on luy refusa l'entrée, & on luy dit qu'il y auoit ordre de ne le laisser parler à personne.

Ce fut en cet estat, que ce iour Samedy 19. Octobre, on fit au Chastelet vne procedure qui paroistra sans doute irreguliere; on l'exposera telle qu'elle est, & chacun en fera tel iugement qu'il croira raisonnable.

Le sieur le Feron Lieutenant Criminel, escrit dans vn Procés verbal, *Que sur l'advis qui luy auoit esté donné ce jour là au matin par le Breton Concierge, que Colonne prisonnier demandoit à luy parler, & qu'il estoit demeuré d'accord que le President Truchy l'auoit excité à faire vne fausse deposition contre le Marquis de Liuourne; & que c'estoit le Senateur Leone qui l'auoit fait dicter deuant qu'il eust deposé, il s'est transporté dans la prison.*

Ce n'estoit pas asseurement de la bouche du Geollier, que le Iuge deuoit sçauoir ce que Colonne auoit à luy dire; on ne peut pas s'empescher de croire qu'il n'y eut quelque affectation, d'auoir fait dire à ce Geolier que Colonne estoit demeuré d'accord que le President Truchy l'auoit excité à faire la fausse deposition, & que le Senateur Leone l'auoit dicteé.

En tout cas si le Geollier l'auoit dit, & que cela pust seruir à quelque chose, il falloit faire signer au Geollier ce qu'il auoit dit, & ne pas charger vn Procés verbal d'vne chose aussi importante que celle là, sans auoir vn garand, & sans faire signer le tesmoin; neantmoins on a oublié cela, & le Geollier n'a point signé.

Le Iuge se transporte dans la prison, il trouue Colonne au
lit

le malade; furquoy fon Proces verbal porte, que le malade l'auoit enuoyé prier de venir luy parler, pour declarer la verité pour la defcarge de fa confcience. Voilà qui va bien, fi cela eft vray.

Mais il falloit donc que le Iuge attendit ce que cet accufé auoit à luy dire, qu'il l'ecoutaft, & qu'il fit rediger fidellement fa declaration, puifque cet homme luy auoit de luy-mefme fait entendre, qu'il luy auoit donné la peine de venir pour luy faire vne declaration pour la decharge de fa confcience; il falloit qu'il s'expliquaft, & le laiffer dire.

Au lieu de cela, c'eft le Iuge qui parle, qui fait la declaration pour l'accufé, & qui de luy-mefme fuggere des faits qu' apparemment il ne pouuoit ny ne deuoit pas fçauoir.

La forme de l'interrogatoire paroiftra fort extraordinaire, l'accufé ne fait aucune declaration, ny aucun recit, mais ce font tous faits preparez, la plufpart fort nouueaux, fur lefquels on l'interroge, & fur lefquels on luy fait dire fans difcernement & fechement à chaque article vn oüy, fans marquer aucune circonftance ny adjoûter aucune autre parole.

Enquis s'il ne connoift pas le nommé Maigrot, autrement le Chevalier de Sainte Croix.

A dit, *Qu'oüy.*

S'il n'eft pas vray que tout ce qui eft porté par la declaration & interrogatoire de Maigrot eft veritable,

A dit, *Qu'oüy.*

S'il n'eft pas vray que la depofition de luy repondant, faite à Turin contre le Marquis de Livourne, eft fauffe & fuposée,

A dit, *Qu'oüy.*

S'il n'eft pas vray qu'il a efté excité par le Prefident Truchy à faire ladite fauffe depofition,

A dit, *Qu'oüy.*

S'il n'eft pas vray que tout ce que Maigrot a depofé à Turin, ç'a efté par le moyen de luy repondant, & à fa fufcitation,

A dit, *Qu'oüy.*

F

S'il

S'il n'est pas vray que le Senateur Leone, devant qui luy répondant a déposé luy avoir fait dicter sa deposition auparauant, où tout ce qu'il a déposé estoit porté,

A dit, *Qu'oüy.*

Et il adjoûte seulement à ce dernier article, *Qu'il diroit toutes les particularitez de l'affaire, quand on le fera monter en la Chambre du Conseil.*

Voilà de quelle maniere on fait faire la declaration à Colonne, & l'interrogatoire paroist auoir esté fait auec tant de confusion, que lors que l'on demande à Colonne si tout ce qui estoit porté par la declaration & l'interrogatoire de Maigrot estoit veritable, on luy fait repondre aueuglement qu'oüy, sans luy faire lecture de cette declaration & de cet interrogatoire, ny luy dire ce qu'il contenoit; n'estant pas possible qu'vn homme, particulierement en l'estat qu'il estoit, se pûst souuenir distinctement de toutes les particularitez de la deposition & de l'interrogatoire de son complice.

A l'instant on transporte cet homme auec sa fieure chaude, & l'imagination remplie de toutes les impressions que son desespoir & le dernier interrogatoire luy auoient données, & on le porte dans vne couuerture en la Chambre du Conseil, où le procez se jugeoit, deux ou trois fois il tomba en pâmoison pendant qu'on l'interrogeoit, & on fut obligé d'enuoyer querir du vinaigre pour le faire reuenir; & on apprehenda qu'il n'expirast sur le lieu. Ces particularitez (dont tout le Chastelet est tesmoin) valoient bien la peine d'estre remarquées dans l'interrogatoire en vne affaire de cette consequence. On n'en fait neantmoins aucune mention, & on dit simplement que l'on a fait entrer & mettre sur la sellette Eusebio Colonne comme vn homme qui se porteroit bien, & qui auroit marché de son pied.

On se contente de recueillir precipitamment ce que l'on pûst tirer de luy, & ce que le conseil de son desespoir, l'ima-

gination

gination troublée par la fieure, & la derniere impreſſion qu'on
venoit de luy donner, luy purent faire dire.

Il ſe peut faire meſme que ç'ait eſté le Iuge qui luy aye pro-
poſé les meſmes faits ſur leſquels il venoit de l'interroger dans
la priſon, & que les reponſes de l'accuſé n'ont eſté que l'effet
de l'impreſſiõ qu'auoit fait en luy cet interrogatoire ſuggeſtif,
& qu'ayant reconnu par là ce qu'on ſouhaitoit de luy, il creut
dans le trouble d'vne imagination echaufee par les ardeurs
de la freneſie & de la fieure, qu'il ſe tireroit d'affaire, en repondant conformement aux demandes qu'on luy auoit faites.

C'eſt dans cette veuë qu'il a dit dans ſon interrogatoire ſur
la ſellette, qu'il eſtoit vray qu'il auoit ſuborné Maigrot pour
depoſer fauſſement contre le Marquis de Liuourne, *Qu'il auoit
fait auſſi vne fauſſe depoſition, que ç'auoit eſté à la ſuſcitation du Preſident Truchy, & que le Senateur Leone la luy auoit dictée, l'ayant deja
toute eſcrite; que c'eſtoit depuis ſon voyage de Flandres que le Preſident
Truchy luy auoit communiqué ce qu'il auoit à luy dire touchant ſa
depoſition, & que pendant ſon voyage il auoit receu vne lettre du Preſident, par laquelle il luy en mandoit quelque choſe, & obtint de S. A.
R. de Savoye le congé pour faire reuenir Colonne auprès de luy; qu'il
ſçauoit bien que cette depoſition eſtoit fauſſe, & qu'il ne la communi-
qua à Maigrot qu'après l'auoir ſçeu du Preſident Truchy.*

Ce nouuel incident meritoit bien que l'on confrontaſt ſur
le champ les deux accuſez l'vn à l'autre, car leurs declarations
eſtoient fort contraires, meſme en ce poinct-là ; cependant
on s'en donna bien de garde.

En meſme temps on condamne Colonne à la mort, & Maigrot à vn baniſſement.

Colonne qui ne perdoit point l'eſperance ny de viure, ny
de ſe tirer d'affaire (car l'eſperance auſſi bien que le cœur, eſt
le dernier mourant dans l'homme) appelle au Parlement. On
le transfere tout malade qu'il eſtoit, & on le porte dans vn
brancard de la priſon du Chaſtelet, directemét à la porté de la

Chambre des Vacations qui tenoit lors, fans paffer par la Conciergerie. Il fut vn affez long efpace de temps à cette porte, pendant que l'on deliberoit fi on le feroit entrer, parce qu'il n'auoit point efté efcroüé en la Conciergerie, & pendant ce temps plufieurs perfonnes le virent & l'entédirent parler. On le renuoya en la Conciergerie, fans l'entendre à la Chambre.

Voicy encore vn nouueau tour de fon artifice, pour auoir le temps d'en preparer d'autres en prolongeant fa vie, & en eloignant le jugement du proces. Il propofe par Requefte vn autre declinatoire, & demande d'eftre jugé les deux Chambres affemblées, fuiuant le priuilege des Gentilshommes; c'eftoit pendant les Vacations, & il gagnoit du temps jufqu'apres la fainct Martin. Il eftoit mefme inftruit que cette voye eftoit beaucoup plus longue que celle de la Tournelle.

Pendant que Colonne eftoit dans fon brancard à la porte de la Chambre des Vacations, Soru fon amy prit occafion de luy parler; & il a declaré dans fon certificat, que Colonne luy dit, *Qu'il auoit eftè vendu, qu'on l'auoit trompé, & que fur la parole de gens qui luy auoient parlé, il auoit accus des perfonnes innocentes, qu'il en eftoit au defefpoir, mais qu'il repareroit le tout au Parlement.*

Plufieurs autres perfonnes, & entr'autres les nómez Triftan Pruflurot, Huiffier à la Conneftablie, Iean Crofnier Marchand Banquier, & Eftienne Aubert Efcuyer, fieur de Nanteüil, ont veu & oüy parler Soru à Colonne. Ils en ont auffi donné leurs certificats atteftez par ferment, & repetent les mefmes chofes que Colonne auoit dites à Soru, *Qu'il auoit eftè trompè & vendu, & qu'il auoit engagè des perfonnes innocentes, mais qu'il s'en alloit le reparer au Parlement.*

Ce fut le 23. Octobre que Colonne fut transferé en la Conciergerie, mais accablé du poids de fa maladie & de fes crimes, il expira dans la prifon le 25. du mefme mois.

Telle fut la fin du malheureux Colonne; la mort la fouftrait à la jüftice des hommes, & l'a euoquè à vn autre Tribunal

où la

où la verité paroiſt à decouuert ſans aucun deguiſement. Cependant il n'eſt pas juſte que ſi l'indulgence des Loix ne permet pas que l'on faſſe le proces à ſa memoire, bien qu'ayant commis vne eſpece de crime de leze Majeſtè, on put bien le pourſuiure encore apres ſa mort, du moins on ne puiſſe informer le public de la grandeur de ſa calomnie, & juſtifier ceux qu'elle à voulu noircir.

Cette calomnie s'eſt attachée à trois ſortes de perſonnes, premierement à celle du Marquis de Liuourne, enſuite à celle du Sieur Robert Procureur du Roy du Chaſtelet; & enfin au Preſident Truchy, & au Senateur Leone.

La premiere a eſte formée par le deſir d'eleuer vne grande fortune ſur la diſgrace d'vn grand Seigneur, & s'eſt introduite par vne ſuppoſition hardie juſqu'au près du Souuerain. Les deux autres ont eſtè enfantées par la fureur & par le deſeſpoir d'vn homme qui cherche à ſe ſauuer par quelque moyen que ce ſoit : Vn mechant eſt toujours preſumè mechant dans la meſme eſpece de mechancetè : il a calomniè le Marquis de Liuourne? que peut-on conclure de là autre choſe, ſinon qu'il a auſſi calomniè & le Procureur du Roy du Chaſtelet, & les Miniſtres de Sauoye.

Dira-t'on que c'eſt vn impoſteur quand il accuſe le Marquis de Liuourne, & qu'il ceſſe de l'eſtre quand il cherche à rejetter ſon crime ſur d'autres. Sera-t'il plus croyable quand il ſe veut decharger ſur le Preſident Truchy & ſur le Senateur Leone, que quand il a depoſè contre le Marquis, ou qu'il ecrit contre le ſieur Robert? il faudroit auoir beaucoup de malignitè contre les Miniſtres de Sauoye pour adherer plutoſt à la calomnie qui les a voulu tacher, qu'à celle qui auoit noircy les autres.

La conduite de Sauoye dans cette affaire pouuoit-elle eſtre ny plus juſte ny plus ſage? N'a-t'on pas gardè toutes les meſures d'equitè pour le Marquis de Liuourne? A-t'on adjoûtè foy aux impoſtures qu'on a ecrites contre le ſieur Procureur du Roy Robert? L'accuſation contre le Marquis eſtoit bien mieux circonſtanciè, d'vn caractere bien plus vray-ſemblable, & d'vn air à ſe

faire

faite bien mieux croire que tout ce qui a esté dit au contraire. La
suggestion que l'on a voulu imputer au Procureur du Roy, estoit
si bien articulée, & se trouue mesme appuyée de tant de temoignage, qu'on pouuoit aisément se laisser aller à luy donner quelque creance. Cependant en Sauoye on a suspendu son jugement
à l'egard de l'vn, jusqu'à ce que la verité fut entierement eclaircie, & on a rejetté l'autre d'abord comme vne imposture grossie-
re? n'a-t-on pas sujet d'esperer que l'on fasse du moins la mesme
justice.

Si cette affaire se traitoit seulement en Piemont, & ne deuoit
point passer les bornes de cèt Estat, les Ministres de Sauoye n'auroient pas besoin que l'on entrast dans leur justification, leur seul
nom & la connoissance publique de leur merite & de leur vertu,
leur seroit vne apologie.

Monsieur le President Truchi a merité par sa sage conduite &
par sa probité la confiance des plus grands secrets de son Maistre,
qui apres luy auoir donné pendant sa vie des marques de son estime, l'a honnoré encore en mourant du titre d'vn des executeurs
de ses dernieres volontez, & d'vne place dans son Conseil secret.

Monsieur Leone est vn Senateur qui a vieilly auec honneur
dans l'exercice de la Iustice, & qui s'est acquis vne reputation
d'integrité sans aucune tache.

Par quelle aduanture & par quel motif deux personnes dont
la reputation est si bien establie, l'auroient-ils voulu souiller par
la plus lasche de toutes les impostures?

Le Marquis de Liuourne s'estoit retiré de la Cour de son Prince, on luy faisoit son proces pour d'autres affaires d'Estat, su lesquelles il a depuis esté condamné, sans que ce chef d'accusation
en ait jamais fait partie: Par quelle bizarrerie se fut-on aduisé
d'aller inuenter vne fausse conspiration & de la supposer à ce Seigneur? Quel egarement auroit-ce esté de meler le faux auec le
vray, & de ruiner vne accusation solide & bien fondée par le me-
lange d'vne imposture qui se deuoit necessairement decouurir.

Paroist-

Paroift-il auffi que l'on aye rien mêlé de cette nouuelle accufation, auec le procés que l'on auoit commancé d'inftruire contre
le Marquis de Limourne : Et quoy que la troifiefme & derniere
citation qui fe fait fuiuant l'vfage du Païs, à ceux que l'on juge
par contumace, n'aye efté faite que le 22. Auril 1675. on ne trouuera pas qu'on y aye fait mention en quelque façon que ce foit,
de la confpiration dont on auoit deja deux depofitions. Preuue
indubitable du difcernement auec lequel on procedoit , & que
l'on n'auoit pas affecté d'aggrauer par ce nouuel incident le procés que l'on auoit commencé.

Que l'on repaffe vn peu fur les principalles circonftances de
cette hiftoire, y trouuera-t'on rien qui puiffe tant foit peu ternir
la pureté de la conduite du Prefident Truchy? & qui au contraire
ne faffe voir auec quelle juftice on a marché, foit lors que l'on
ecouté la nouuelle de la confpiration, foit depuis que Maigrot
en a decouuer la calomnie?

Que l'on confidere le lieu & le temps où cette impofture a efté
conceuë, ç'a efté Colonne qui l'a medité en Flandres. Ce fait eft
bien eftably, les deux accufez en conuiennent : comment donc
s'imaginer que le Prefident Truchy l'ait concerté auec Colonne,
le Prefident en Piemont, Colonne à Tournay. Ce n'eft pas-là
vn fecret dont on put faire confidence, ny entretenir correfpon-
dance par Lettres.

Quel eft le premier aduis que le Prefident en reçoit; c'eft par
la Lettre du 20. Nouembre 1674. Comment parle Colonne? comme vn homme qui donne vne aduis d'vne confpiration qu'il
vient de decouurir, & qu'il a decouuerte par vne efpece de miracle, qu'il ne peut pas en confier le fecret à vne Lettre, qu'il ira en
perfonne auec ceux qui en pourront donner l'eclairciffement, &
qu'il n'y a qu'à luy obtenir fon congé.

Donc voilà la premiere fois que le Prefident Truchy entend
parler de cette affaire ; Il ne fçait encore ce que c'eft, on luy donne vn aduis obfcur d'vne chofe qu'on ne luy pouuoit decouurir
que de bouche.

Il ne faut point dire qu'il y auoit eu des Lettres precedentes de la part du President s'il y en auoit eu, Colonne estoit trop adroit pour ne les pas garder, & pour ne se pas conseruer au besoin vn garend aussi important que celuy-là : S'il en auoit eu, on n'auroit pas manqué de les trouuer dans ses autres papiers qui furent inuentoriez par le Lieutenant Criminel de Lyon, lorsque Colonne y fut surpris.

Mais t'ombera-t'il dans l'esprit de qui que ce soit qu'vn Ministre d'Estat, vn homme sage & prudent, ait concerté par Lettres vne entreprise & vne subornation telle que celle-là : il faudroit auoir renoncé au bon sens, & pour le faire & pour le croire.

Au contraire, la Lettre de Colonne du vingtiéme Nouembre 1674. fait voir clairement qu'il n'y auoit point de concert, & qu'auparauant ce temps-là le President ne sçauoit rien.

Maigrot qui a esté le complice, & peut-estre l'autheur de toute cette imposture, puis que c'est luy qui en jouë le principal personnage : n'auroit-il pas dit, si le President Truchy auoit eu quelque part à ce dessein.

Il estoit impossible que Maigrot ne l'eust pas sçeu, Colonne & luy estoient en societé de crime, pourquoy donc Colonne luy auroit-il caché l'autheur qui l'auroit fait agir; au contraire, n'auroit-ce pas esté vn motif plus puissant pour l'y engager, que de luy decourir qu'vn Ministre de Sauoye en fai-l'entreprise, & qu'il leur donneroit protection & recompense.

Quand on auroit voulu dissimuler cela à Maigrot, il auroit esté impossible qu'il ne l'eust reconnu à mille indices qui éclatent dans ces sortes de commerce; & luy qui estoit entré en participation du crime, des la Flandre, qui auoit fait le voyage, & qui auoit depofé en Piemont, luy qui paroist infiniment industrieux, auroit sans doute penetré dans ce mystere, & se seroit apperceu de quelque chose.

Cependant il a deposé à Paris qu'il n'y auoit que Colonne & lui qui auoient eu part à l'affaire, & particulierement dans

l'interl'interrogatoire du 18. Auril, lors que le Lieutenât Criminel le preſſe de declarer qui ſont les autheurs qui l'ont ſuborné. Il declare poſitiuement, qu'il n'y auoit que Colonne & luy qui euſſent part à la calomnie, & que le Preſident Truchy n'en auoit aucune connoiſſance, ce qu'il a encore confirmé dans ſon dernier interrogatoire du 24. Decembre 1675.

Cette declaration faite par vn homme qui ſe denonçoit ſoy-meſme, ne ſera pas ſuſpecte; le Marquis de Liuourne, entre les mains de qui il s'eſtoit remis, n'auroit pas apparemment meſnagé celuy qu'il auroit creu l'autheur de cette calomnie, & Maigrot luy-meſme auroit eu intereſt de s'en décharger ſur vn plus puiſſant protecteur que Colonne; il n'y auoit rien qui ne dûſt l'obliger à tout decouurir.

S'il eſt vray que Maigrot ait fait ſa declaration pour la décharge de ſa conſcience, comme le Marquis de Liuourne a intereſt de le ſoûtenir, n'eſt-ce pas cette meſme conſcience qui luy a fait dire que le Preſident Truchy ne ſçauoit rien de l'affaire, & que le concert n'auoit eſté qu'entre Colonne & luy; & s'il falloit que l'on pûſt dire qu'il euſt menty en cela, que deuiendroit le reſte de ſa depoſition?

Voilà donc le Preſident Truchy juſtifié par la propre bouche de celuy qui a reuelé tout ſon ſecret au Marquis de Liuourne.

Mais ce qui acheue de juſtifier cette verité par vne demonſtration ſenſible, ce ſont les deux fauſſes Lettres que Maigrot reconnoiſt auoir eſcrites luy meſme par l'ordre de Colonne, lors qu'ils arriuerent à Riuoles, comme ſi elles euſſent eſté eſcrites de la part de du Riuo, Eſcuyer du Marquis de Liuourne; c'eſtoit auparauant que d'arriuer à Turin, & que d'auoir parlé au Preſident Truchy.

Pourquoy fabriquer de fauſſes Lettres, eſtoit-ce pour ſurprendre le Preſident Truchy? Il ne ſçauoit donc rien du complot. C'eſt donc luy qui a eſté ſurpris, mais ce n'eſt pas luy qui a eu part à la ſurpriſe. S'il y auoit eu part, il auroit donc bien ſçeu la

fauſſe-

fauſſeté des Lettres. A quel propos faire paroiſtre ces fauſſes Lettres, dont la fauſſeté pouuoit eſtre aiſement conuaincuë? Ne
faudroit-il pas auoir perdu l'eſprit pour les auoir gardées & fait
inſerer dans vn Proces verbal, comme vne preuue qui auroit ga-
ranty la depoſition des deux teſmoins; car ces Lettres ſont pref-
que tout le fondement de l'accuſation. Quoy! l'on auroit bâti
tout cèt edifice ſur vn fondement ſi ruineux? Les teſmoins pouuoient eſtre aſſez fermes pour ne ſe point dedire, mais la fauſſeté
de ces Lettres ne pouuoit pas qu'elle ne fuſt decouuerte à la premiere epreuue que l'on en feroit; & cela eſtant, n'auroit-ce pas
eſté preparer pluſtoſt la juſtification du Marquis que ſa condam-
nation, que de joindre aux depoſitions vne fauſſe preuue, qui
eſtoit toute ſeule capable de les detruire.

Il eſt donc euident par toutes ces preuues, que le Preſident ne
ſçauoit rien de cette entrepriſe; mais voyons ſi la conduite qu'il
a tenuë eſt celle d'vn homme qui puiſſe eſtre ſoupçonné le moins
du monde d'y auoir participé? Si l'on auoit eu mauuaiſe intention contre le Marquis, il n'en falloit pas dauantage. Voilà deux
teſmoins & deux lettres, il n'y auoit qu'à joindre cela à ſon procez & le faire condamner ſur le tout par contumace. Il y en auoit
plus qu'il ne falloit en vne telle matiere.

Au contraire, on agit auec la derniere circonſpection, le Preſident ne pouuoit pas ne point ecouter vne reuelation de cette
importance, qui regardoit la vie de ſon Prince & la ſienne propre. On eſt curieux & vigilant à moins, mais que fait-on? On
agit comme des perſonnes qui cherchent la verité, & non pas le
menſonge; qui veulent de l'eclairciſſement, & non pas vne ob-
ſcure calomnie. Le Preſident fait de ſerieuſes remontrances à
l'vn & à l'autre de ces temoins, qu'ils priſſent bien garde à ce qu'-
ils auoient dit, & qu'il y alloit de leur teſte s'ils auoient auancé
vne impoſture. Le Marquis de Liuourne a eſcrit luy-meſme au
Preſident Truchy pour l'en remercier, apres auoir ſçeu de Mai-
giot qu'il en auoit vſé de la ſorte. On ne parle point comme cela
à de faux teſmoins que l'on à ſubornez.   La

La conduite que l'on a tenuë à leur égard ne juſtifie-t'elle pas
auſſi la ſincerité auec laquelle on procedoit à la recherche de la
verité? Si ç'auoit eſté des teſmoins ſubornez, ils auroient eſté
trop precieux pour ne les pas retenir, au contraire on les laiſſe en
liberté, & pardeſſus tout cela on les enuoye en France à la queſte
de leurs complices, & pour chercher des Beſnards, des Sainte
Croix & vn Quidam empoiſonneur, afin d'acheuer la conuiction
en bonne foy. Si ç'eut eſté vne impoſture à laquelle le Preſident
Truchy euſt eu part, s'il eut ſçeu que les Beſnards, les Sainte
Croix, l'homme empoiſonneur, eſtoient des perſonnages chi-
meriques, auroit-il enuoyé & Maigrot & Colonne en France
pour chercher ce qu'on auroit eſté aſſeurè de ne pas trouuer? Ce
ſeroit-on mis en depenſe pour amener des gens qui ne ſont point
en la nature des choſes? Qu'eſt-ce que Maigrot, qu'eſt-ce que
Colonne viennent faire en France? Quel aueuglement d'expoſer
Maigrot à venir où eſtoit le Marquis de Liuourne? Vn homme
qui ſe ſeroit vendu vne fois à l'vn pour vne calomnie, n'eſt-il pas
capable de ſe vendre à vn autre pour la decouurir? Mais que font
ces deux hommes en France, & de quelle vtilité de courir apres
des fantuſmes? Il eſtoit vtile pour eux d'entretenir le Preſident
Truchy dans l'eſperance de decouurir les complices, de faire du-
rer la recherche long-temps, de feindre des voyages en Angleterre ou ailleurs, tous les jours il y auroit eu quelque nouuel incident, cependant de tirer beaucoup d'argent,& à la fin de dire qu'-
on n'en auroit pû venir à bout, leur accuſation ſeroit toujours
demeurée ſans eſtre convaincuë de calomnie, ils auroient toujours fait ce qui eſtoit en eux pour le ſalut du Prince & du Miniſtre, & ils auroient pû s'attirer des recompenſes. Voilà l'vtile
pour Maigrot & pour Colonne; mais à l'egard du Preſident
Truchy, comment peut on conceuoir qu'il ait cherchè à s'abuſer
ſoy meſme à faire perquiſition de complices imaginaires? Où
ſeroit la raiſon, où ſeroit le bon ſens, où ſeroit l'intereſt en cette conduite? Eſt-ce à vouloir impoſer vne calomnie au Marquis

de Liuourne, que de receuoir vne accusation auec tant de circonspection, & d'en pourfuiure l'eclaircissement auec tant de fincerité?

Aussi l'on voit que c'eft de bonne foy que le President a conti-
nuè d'eftre trompè: Comment Maigrot luy ecrit-il de France,
Qu'il a cherché Besnard, que Besnard a esté en Dauphiné, qu'il est fait sol-
dat, que fa Compagnie eft à Narbonne, qu'il l'attend, que l'empoisonneur
est en Angleterre, qu'il l'y a trouué, qu'il estoit malade, qu'il n'a pû venir,
qu'il a tiré de luy la Lettre empoisonnée, qu'il la garde comme vne reli-
que, qu'il retournera en Angleterre pour l'amener. Qu'eft-ce que veut
dire tout cela, fi le President Truchy eft de la partie & du concert de la fable, pourquoy efcrire toutes ces decouuertes & ces
voyages imaginaires? Cela peut il auoir eu d'autre fin, que d'entretenir le President dans la creance que la fourbe s'eftoit donnèe
auprès de luy.

Mais fur tout, que l'on confidere que ces Lettres ne font ecrites à Paris & enuoyées à Turin que depuis que Maigrot s'eftoit
declaré au Marquis de Liuourne; c'eft l'Efcuyer du Marquis qui
a efté le porteur du paquet jufqu'à Lyon.

Quoy qu'il en foit, y a-t'il rien plus capable de juftifier le Prefident Truchy que ces Lettres qui viennent d'vne main qui ne
peut eftre fufpecte en cette occafion de l'auoir voulu fauorifer.
Maigrot s'eftoit deuoüé au Marquis de Liuourne pour la decharge de fa confcience ou autrement. Le Marquis cherchoit des
autheurs à la calomnie, & peut eftre n'auroit-il pas efté fafché d'y
rencontrer vn Miniftre de Sauoye: les faits fur lefquels le Lieutenant Criminel interrogea d'abord Maigrot, le font affez con-
noiftre. Si donc le Prefident auoit eu quelque part à cette me-
chante intrigue, Maigrot luy auroit ecrit de ce ftile-là, ne l'au-
roit-on pas obligé d'ecrire quelque chofe de precis touchant le
complot (s'il y en auoit eu) afin de s'attirer quelque reponfe du
Prefident qui put faire decouurir qu'il en eftoit. Au lieu de cela
Maigrot l'entretient dans la pensée que ce qu'il auoit deposé eftoit

verita-

veritable, & qu'il a trouué les compagnons de la conspiration,
qui deuoient acheuer la preuue , & cette continuation d'imposture est ecrite auec la participation du Marquis de Liuourne
pour ne pas donner à connoistre la reuelation qui luy auoit esté
faite? Heureuse necessité qui a reduit le Marquis de Liuourne
à ne popuoir preparer sa justification sans établir en mesme temps
celle des Ministres de Sauoye.

Tant que l'on a creu & que l'on a eu sujet de douter de la conspiration du Marquis de Liuourne , le President Truchy n'a fait
que ce qu'il deuoit pour en decouurir la verité ; & cette recherche sincere est vne justification que l'on ne peut détruire.

Des que l'on a eu connoissance de la declaration de Maigrot,
que Sainte Croix & luy n'estoit qu'vne mesme personne , & que
cette accusation estoit vne calomnie. On n'a rien obmis pour
contribüer à en faire Iustice.

Le soin que l'on a pris pour verifier la calomnie, la recherche
que S. A. R. en a fait d'abord par la voye du Comte Ferrere son
Ambassadeur qui s'y est conduit auec tant de vigilance & de prudence, les preuues ingenuës que l'on a eu par les certificats des
Officiers du Regiment de Piemont , que Maigrot n'auoit point
quitté la Compagnie en Flandres dans le temps qu'il auoit suppo-
sé d'estre venu à Paris, le soin que l'Ambassadeur a pris d'empescher que la verité ne fut etoufée par les faux certificats que Colonne a recherché pour prouuer que Maigrot n'auoit point esté
son Soldat, & qu'il n'auoit paru à Tournay que sur la fin du mois
d'Octobre ; les informations que l'on a fait prendre par le Sieur
Leone en Piemont pour la conuiction de la calomnie, l'enuoy
des depositions originales, & des Lettres ecrites par Maigrot.
Toutes ces choses sont autant de preuues conuaincantes de la
sincerité, de la conduite & des bonnes intentions des Ministres
de Sauoye.

Il est vray que l'on a vendiqué les coupables ; pouuoit-on se
dispenser de le faire, la matiere estoit vne conspiration vraye ou
faulse

fauſſe contre la Perſonne du Souuerain, & de celle d'vn de ſes
Miniſtres. L'accuſation & les depoſitions en auoient eſté faites
en Piemont ſi c'eſtoit vne calomnie, ce ne pouuoit eſtre qu'en ce
païs-là. où la verification en deuoit eſtre faite. Celuy que l'on
auoit chargè de la conſpiration eſtoit Sujet du Duc, le principal
autheur de la calomnie eſtoit auſſi Sujet & ſon Vaſſal : L'autre
complice auoit commis le crime en Piemont par la fauſſe depoſition qu'il y auoit faite. Il ſembloit impoſſible que cette affaire
ſe put traiter ailleurs, il eſtoit de l'intereſt du Souuerain., il eſtoit
du deuoir des Miniſtres de vendiquer les impoſteurs, afin d'en
faire vn exemple.

Si l'on auoit tenu bon là-deſſus, ſi l'on n'auoit point voulu
enuoyer ny les depoſitions, ny les fauſſes Lettres de du Riuo, ny
toutes les autres preuues, pouuoit-on venir à bout de prouuer la
Calomnie : & la reuelation de Maigrot auroit elle eſtè capable
toute ſeule de conuaincre Colonne ; & qui doute que l'on auroit
inſiſtè à ce renuoy, ſi vn Miniſtre ſe fut ſenty engagè tant ſoit
peu dans l'affaire ?

L'amour de la Iuſtice a preualu à l'intereſt d'Eſtat, on a donnè
les ordres à l'Ambaſſadeur d'abandonner aux Officiers du Roy le
jugement de l'affaire, ſi l'on n'accordoit pas le renuoy, & on luy
a en meſme temps enuoyè toutes les pieces de conuiction.

On ne refuſoit pas de la part du Roy de renuoyer Colonne à
ſon Maiſtre, mais on vouloit retenir Maigrot comme Subjet du
Roy. C'eut eſtè là le meilleur moyen du monde pour empeſcher
que la choſe ne fut eclaircie, Colonne à Turin,& Maigrot à Paris.
On n'auroit jamais pû condamner ny l'vn ny l'autre, c'eſt pourquoy le Conſeil de Sauoye ne cherchant que la decouuerte de la
veritè & la punition du crime, a mieux aimè conſentir que les
deux coupables fuſſent jugez en France.

Les pieces de conuiction enuoyèes de la part de Sauoye à
l'Ambaſſadeur, ont eſté miſes entre les mains de Monſieur le
Procureur General ; c'eſt vne veritè prouuèe par eſcrit.

Apres

Apres cela, comment pourroit-il entrer dans la penſée de qui que ce ſoit, quelque ſoupçonneux, quelque defiant, quelque ennemy qu'il ſoit, que l'vn des principaux Miniſtres de Sauoye ait eu la moindre part à cette calomnie, à la recherche & à la punition de laquelle il a contribué auec tant de ſoin, pouuant trouuer des moyens ſi plauſibles de l'eluder.

Dans le proces eſt-il entré la moindre ombre de ce ſoupçon? L'vn des deux accuſez reuele ſon crime, & luy qui auoit intereſt d'auoir vn garand, n'en charge point d'autre que Colonne.

Il eſt conſtant à dire, que ny le Preſident Truchy, ny quelque autre que ce ſoit, n'auoit eu de part au complot, & qu'il n'y auoit que Colonne & luy qui l'euſſent concertè. L'autre accuſè denie la calomnie.

Qu'eſt-ce donc que les ennemis du Preſident Truchy & du Senateur Leone, veulent faire valoir contre leur reputation & contre tant d'argumens ſi convaincans qui la juſtifient? Quoy, vne declaration de Colonne que l'on a tirèe de luy en la maniere qui a eſtè expliquee? Trois ou quatre conſiderations que l'on fera ſur ce ſujet acheveront de la detruire, & d'etablir l'impoſture d'vne ſi horrible calomnie.

La premiere eſt l'eſtat où eſtoit Colonne: Il eſt prouuè qu'il eſtoit tombè malade d'vne fieure chaude des le onze Octobre, & que des le quinze il entra dans le delire & la freneſie qui luy continua pendent toute ſa maladie, qu'il fut ſaignè ſept fois du bras, & vne fois du pied, & qu'il n'eſtoit pas capable de raiſon. Cette veritè eſt juſtifiée par les certificats du Medecin & du Chirurgien qui l'ont traitè, & de Soru ſon amy qui l'a veu continuellement en cet eſtat, lors meſme qu'il fut portè ſur la ſelette, il tomba en pâmoiſon, & l'on fut obligé de luy apporter du vinaigre, tout le Chaſtelet le ſçait, & le Chirurgien l'a certifié.

Peut-on faire quelque fondement ſur les declarations d'vn homme qui eſt en cet eſtat? il s'eſtoit remply l'imagination de diuerſes penſees touchant ſon affaire, qui l'agitoient extraordinairenairement, & entr'autres il auoit conçû l'Impoſture de dire que le Sieur Robert Procureur du Roy auoit eſtè dans la priſon pour le ſoliciter à dire que c'eſtoit le Preſident Truchy qui l'auoit engagè à faire la fauſſe depoſition, & il en auoit ecrit en Sauoye ſur ce pied-là. L'on ſçait ce qui arriue à ceux qui ont la fieure chaude, les eſpeces les plus recentes ou qui ont fait le plus d'impreſſion dans leur eſprit, leur reuiennent en ce temps-là & ſe preſentent auec force à l'imagination. Comme donc Colonne auoit roulè cette derniere penſee dans ſon eſprit, de ſçauoir s'il ne pourroit point ſe ſauuer en chargeant le Preſident & le Sieur Leone, dequoy meſme il s'etoit expliquè à ſes confidens, ſon imagination echaufee par la fieure, luy a pû faire dire tout ce que l'on peut ſe figurer là deſſus, & pour peu qu'il ait eſtè excitè par vn interrogatoire, cette touche aura fait mouuoir les fauſſes idees que la ſeule imagination auoit enfantees. Pourroit-on s'aſſurer ſur de ſemblables reueries ?

C'eſt auoir manquè au reſpect que l'on doit à la veritè, de n'auoir pas mis fidellement dans l'interrogatoire fait dans la priſon, & dans celuy fait à la Chambre, l'eſtat où eſtoit le malade.

La ſeconde conſideration, eſt que la maniere dont eſt fait cet interrogatoire, ne peut jamais luy donner creance dans l'eſprit des Iuges : celuy qui l'a receu ſe tranſporte dans la priſon ſur la ſeule relation d'vn Geolier, & il eſt aſſez facile pour faire dire à ce Geolier ce qu'il deuoit attendre de la ſeule declaration de l'accuſè, & ſans meſme faire ſigner ce Geolier : la choſe eſtoit aſſez importante, puiſque cela chargeoit les Miniſtres d'vn Prince Souuerain pour y apporter cette precaution.

Quand le Iuge eſt aupres de l'accuſè, au lieu de ne faire que l'ecouter en patience, il le preuient & luy fait toutes les interrogations ſur leſquelles on auoit enuie qu'il repondit. Le pauure accuſè dans l'abatement de ſa fieure, repond vn monoſyllabe à chaque article à tort & à trauers ; Il dit, oüy, ſans ſçauoir preciſement ny ce qu'on luy demandoit, ny ce qu'il diſoit ; & ſi on

auoit

auoit continué de l'interroger sur cent autre faits, ou étrangers ou contraires, il auroit repondu le mefme oüy. La lecture de cet interrogatoire rapporté cy-deffus, juftifiera cette verité.

Pourquoy le Iuge ne laiffoit-il pas parler l'accufé? pourquoy ne luy laiffoit-il pas expliquer luy-mefme le fujet pour lequel il l'auoit ennoyé querir? Pourquoy le preuenir & l'interroger fur des faits? Qui avoit dit à ce Iuge que c'eftoit du Prefident Truchy & du fieur Leone, qu'il luy vouloit parler? eftoit-ce le Geolier? Le Iuge auroit-il dû adioûter foy à vn vain raport fait par vn Geolier, & non figné. Quand cela feroit? n'auroit-il pas dû attendre ce que l'accufé auoit à luy dire pour voir fi cela fe rapportoit au raport du Geolier? Pourquoy aff-éter de preuenir l'accufé fur ces faits-là (fans qu'il en euft rien dit) & luy faire rèpondre vn oüy fechement à chaque article?

On peut juger auffi que l'interrogatoire fait a l'inftant fur la felette a efté conduit en la mefme maniere, & que l'on a preuenu les rèponfes de l'accufé par les interrogations qu'on luy a faites. Vn malades qui a la fieure chaude & qui pouuoit auoir les mefmes images dans l'efprit, a bien pu paroiftre rèpondre fuiuant les intentions de celuy qui l'interrogeoit.

La troifième confideration eft, que quand Colonne auroit fait cette declaration de luy-mefme, feroit-elle capable de donner le moindre ombrage contre la reputation du Prefident Truchy & du Senateur Leone? Quoy vn accufé qui fe voit dans vne conjon-éture preft à eftre condamné, ne cherchera pas à èloigner fon jugement & à prolonger fa vie. Il auoit tenté toutes fortes de voyes auparauant pour cela, il auoit toujours efperé que fon Prince le vendiqueroit, & que Maigrot refteroit; c'eft pour cela qu'il auoit perfifté dans l'accufation de la confpiration? Quand il fe voit abandonne, quel confeil a-t'il à prendre que de fon defefpoir. l'engageray des perfonnes fi puiffantes dans mon accufation, que leur côfideration m'en tirera; elles font innocétes, mais elles font en authorité; On ne voudra point juger l'affaire que cette verité

H

impor-

importanté ne foit eclaircie; ces perfonnes ne viendront pas en
France fe rendre jufticiables du Roy. En voilà affez pour em-
barraffer l'affaire & la reculer; Voilà ce que penfent tous les criminels, & voilà ce qu'on a oüy dire à Colonne, ceux à qui il l'a
dit l'ont certifié.

Qu'on ne dife donc point que c'eft vne declaration d'vne perfonne mourante, jamais Colonne n'a perdu l'efperance de fauuer
fa vie; les condamnez efperent encore lors qu'ils font fur l'echa-
faut. Colonne ne fe croyoit ny fi malade, ny fi conuaincu qu'il
ne put echapper & à la maladie,& au fupplice. Tout abattu qu'il
eft, il appelle au Parlement, il eft transferé dans vn brancard à la
porte de la Chambre des Vacations, fans y auoir efté oüy, parce
qu'il n'auoit pas efté ecroüé à la Conciergerie, il fait donner Requefte pour eftre jugé, les deux Chambres affemblees; Il fçauoit
que c'eftoit vn moyen infaillible de reculer bien loin fon jugement; Il efpere toujours contre l'efperance, il ne neglige aucun
artifice jufqu'au dernier foupir; & il n'aura pas efté capable de
produire l'impofture qu'il auoit deja meditee contre les Miniftres
de Sauoye, comme vne derniere machine de fon inuention qui a
paru toujours fi fertile, auffi bien que celle de Maigrot.

La quatriefme confideration eft, que la calomnie qu'il a inuen-
tee contre les Miniftres de Sauoye, fe detruit par celle qu'il a formee contre le fieur Robert, Procureur du Roy. Que veut-on
que l'on croye, quand on fe veut preualoir de la declaration que
cet homme a faite contre le Prefident Truchy & le Senateur Leone? Colonne a efcrit des le 21. Aouft, que le fieur Robert eftoit
venu dans la prifon pour le foliciter de fe defcharger de fon crime fur ces Miniftres, & qu'il n'y auoit pas d'autre moyen de fe
fauuer. Il l'a dit à quelques perfonnes qui en rendent temoignage, on fait faire à cet accufé cette declaration, en la maniere que
l'on vient d'expliquer. Encore vn coup, que veut-on que l'on
croye? Croira-t'on cet homme, lors qu'on luy fait faire vne declaration telle que celle-là; & ne le croira-t'on pas, lors qu'il a

efcrit

efcrit que le Procureur du Roy la luy auoit fuggeree. Y a-t'il plus de probabilité en l'vne qu'en l'autre? Que l'on faffe vn peu valoir en cet endroit l'art des conje&ures? Que l'on faffe refle-xion fur vne Lettre efcrite de fang froid, dans laquelle cet hom-me rend compte de la vifite du Procureur du Roy, & comme il l'a folicité à fe defcharger du crime fur le Prefident Truchy; que l'on confidere la fuite, & qu'en effet on luy a fait faire vne decla-ration, fuiuant ce qu'il en auoit efcrit deux mois auparauant; que l'on affemble le confeil & l'euenement, la prophetie & la chofe arriue,il y en auroit bien plus,pour dire que la declaration faite à Paris auroit efté fuggeree, que celle qui a efté faite à Turin.

C'eft vne calomnie, que ce que Colonne a efcrit contre le Procureur du Roy; Sera-ce donc vne verité, que ce qu'il a dit contre les Miniftres de Sauoye. A quelle pierre de touche a-t'on diftingué la pureté ou l'impureté du metal? En l'vne & en l'au-tre, n'eft-ce pas de la mefme fauffe monnoye qui eft fortie de la mefme fabrique? On a fait en Sauoye juftice au fieur Robert, quand on n'a point adiouûté foy à l'impofture que Colonne auoit ecrite contre luy. On efpere que la France fera juftice aux deux Miniftres de Sauoye, quand on n'adjoûtera aucune foy à l'im-pofture que Colonne a dit contre eux.

Et en effet, n'eft-ce pas le mefme caraĉtere de fauffeté; car dans la Lettre que Colonne efcrit en Sauoye des le mois d'Aouft, il accufe le Procureur du Roy d'eftre venu pour le feduire, afin de luy faire depofer vne calomnie contre les Miniftres de fon Prince. Si la folicitation du Procureur du Roy eft vne impofture, l'accufation contre les Miniftres de Sauoye n'en eft-elle pas enco-re vne plus grande. Comment pourroit-on diuifer cette Lettre? Comment pourroit-on faire, que quand cèt homme a efcrit au Prefident Truchy qu'il auoit efté foliciter à depofer faux con-tre luy, la folicitation fut fupofee, & que la depofition deuint veritable? Il ne feroit pas impoffible qu'vn accufé eut efté

H 2

verita-

veritablement follicité à fe decharger fauffement fur vn autre; mais il eft impoffible que s'il a efcrit fauffement, qu'on luy a fuggerè de faire vne fauffe declaration auparavant qu'il l'ait faite; la fuggeftion fe trouve fauffe, & la declaration veritable.

Les Officiers du Roy ont donc vn pareil intereft que les Miniftres de Savoye, à faire rejetter cette calomnie, afin que fi les vns font expofes au foupçon fur la feule declaration qu'vn impofteur a faite pour fe decharger, les autres ne foient encore plus expofez au foupçon de l'avoir fuggeree.

La cinquiefme confideration eft, que cette declaration eft non feulement detruite par toute la conduite precedente qui a eftè expliquee, mais elle fe confond elle mefme.

On demande à Colonne, fi tout ce qui eftoit portè par la declaration & l'interrogatoire de Maigrot, c'eft à dire ceux qu'il avoit fait à Paris, n'eftoit pas veritable, & on luy fait repondre fommairement oüy.

Cela fe peut-il concevoir, on ne fait point lecture à Colonne de cette declaration, & de cet interrogatoire, comment s'en pouvoit-il fouvenir? Il pouvoit en auoir vne memoire en gros, mais pouvoit-on le faire demeurer d'accord de tout ce qu'il contenoit, fans luy en renouveller la lecture. Cet adveu qu'on luy fait faire, ne marque-t'il pas la confufion auec laquelle l'interrogatoire a eftè fait?

Mais enfin cela eft efcrit, Colonne a avoüè tout ce que Maigrot avoit declarè.

Or qu'eft-ce que Maigrot reconnoift, que jamais le Prefident Truchy n'auoit eu connoiffance de l'affaire, que le complot s'eftoit pafsè entre Colonne & luy, & qu'il n'y auoit qu'eux deux qui en euffent connoiffance. Voilà donc dequoy l'on veut que Colonne foit affi convenu.

Cependant par vn autre oüy, on luy fait dire tout le contraire, & que c'eft le Prefident Truchy & le Senateur Leone qui luy ont fait faire toute fa depofition.

Par

Par la declaration de Maigrot & par fon interrogatoire du 6. May, Colonne luy a communiqué fon deffein des Riuoles, où il luy fit efcrire les deux fauffes Lettres de du Riuo auant que d'aller à Turin. Colonne en conuient, puis qu'il demeure d'accord de tout ce que Maigrot auoit dit.

Neantmoins par vn autre article de l'interrogatoire fait fur la fellette, on fait dire à Colonne qu'il n'a rien communiqué à Maigrot qu'apres auoir efté à Turin, & auoir fçeu le tout du Prefident Truchy.

Par l'interrogatoire on luy demande s'il n'eft pas vray que le Senateur Leone, deuant qui il auoit depofé, luy auoit fait dicter fa depofition, & l'auoit toute efcrite auparauant, le oüy ne manque point à chaque article.

Comment accorder cela auec la declaration de Maigrot, qui fait (à ce qu'il dit) fa confeffion generale pour la decharge de fa confcience : C'eft (dit-il) à Riuoles que Colonne s'eft declaré à luy, qu'il luy a communiqué fon deffein, qu'il luy a fait efcrire deux fauffes Lettres fous le nom de du Riuo ; c'eft en fuite à Baudiffé qu'il a acheué de l'inftruire de ce qu'il deuoit dire, & luy a recordé fa depofition; c'eft luy-mefme qui l'a faite premierement deuant S. A. R. de Sauoye, & en fuite au Senateur Leone, à qui Colonne l'a faite pareillement.

Par l'interrogatoire que Maigrot a fuby en la Cour pardeuant Monfieur Nau Confeiller, le 24. Decembre 1675. on luy a demandé en plufieurs articles, par l'inftigation de qui il auoit fait la fauffe depofition ; s'il n'auoit pas efté en liberté deuant le Sieur Leone Senateur de Turin, s'il ne le connoiffoit pas pour vn Iuge de grande integrité, & s'il n'a point eu de connoiffance que quelque perfonne ait induit le Comte de Colonne à faire fa depofition, il a toujours repondu, *que ce n'auoit efté que par la feule inftigation de Colonne, qu'il auoit efté en liberté deuant le Sieur Senateur Leone, qu'il ne l'a iamais veu que lors qu'il depofa deuant lui, & qu'il le croit vn fort bon Iuge; qu'il auoit fait cette depofition lui-mef-*

me,

me, & l'a reconnuë aprés qu'elle lui a esté représentée; qu'il ne croit pas qu'aucune personne eut engagè le Comte de Colonne à faire sa deposition à Turin, ni à induire lui Maigrot de faire la fausse depotition qu'il a faite par-deuant le Senateur Leone, & que ce qui l'oblige de croire que c'est Colonne qui s'y est portè de lui-mesme, sans que personne l'y ait engagè, c'est que lors qu'il communique de son dessein à lui Maigrot dans le Iardin de Baudisse, il lui dit qu'ayant veu S. A R de Sauoye & le Prefident Truchy à Turin, ils lui auoient demandè le sujet de son voyage. Ainsi voilà le President Truchy & le Senateur Leone justifiez par la bouche mesme de Maigrot.

La contrarieté de la declaration qu'on a fait faire à Colonne, auec tout ce qui est etably de veritable & de certain au proces, en fait voir la suposition plus clairement que le jour. Il faudroit reprendre toutes les circonstances de l'affaire, si l'on vouloit faire toutes les reflexions qui sont infinies dans ce sujet. Chacun les peut faire en voyant le seul recit de cette affaire.

La sixiesme consideration est, que l'on s'est bien donné de garde de confronter les deux accusez sur ce nouueau fait. Il estoit neantmoins assez important pour ne pas obmettre cette epreuue essentielle. La contradiction, ou la variation dans laquelle l'vn ou l'autre seroient encore tombez, auroit acheué de confondre l'imposture.

Mais il y en a plus qu'il n'en faut pour la justification des deux Ministres de Sauoye.

Apres cela neantmoins, il n'y a personne quelque eleuee qu'elle soit en dignité, & quelque pure que soit sa reputation, qui ne doiue trembler, puis qu'il n'y a personne que la calomnie ne puisse attaquer, & eleuer quelques broüillards sur les plus belles vies qui se dissipent enfin par la force & la lumiere du Soleil.

Voilà trois personnes qui ont esté exposees à la calomnie de deux imposteurs.

Le premier est le Marquis de Liuourne, qui se trouue justifiè par la reuelation d'vn des complices, & par le soin que le

Conseil

Conseil de Sauoye à pris de faire eclaircir la verité.

La seconde est le Sieur Robert, Procureur du Roy, qui se souftient assez par sa propre integrité.

Les autres sont les deux Ministres de Sauoye, qui ont receu les dernieres morsures de la calomnie aux abois plus veneneuses sans doute & plus malignes, mais qui portent aussi d'autant plus le caractere de l'imposture.

Cette derniere calomnie trouue sa conuiction dans les deux autres, dans tout ce qui resulte de ce fameux proces, dont on n'auroit pas esté en peine d'informer le public, si la reputation des deux personnes que l'on y a voulu engager estoit aussi connuë en France qu'en Piemont, où leur vertu leur a fait meriter l'estime de leur Souuerain & l'amour des Peuples.

Colonne auroit sans doute reparè cette derniere imposture, comme il s'en estoit expliquè à vn de ses amis, s'il auoit sçeu qu'il alloit mourir.

Il s'estoit reseruè de le declarer au Parlement, mais il a estè preuenu de la mort, sans y auoir estè interrogè. Il fut les derniers iours de sa vie sans aucune connoissance, le Curè de S. Germain l'Auxerrois l'a veu de la sorte, & ne put jamais tirer de luy vne parole, ny se faire entendre : il est mort en cet estat, & a laissè à l'innocence des deux personnes qu'il auoit calomniees de se deffendre par elle-mesme.

Il n'auroit pas fallu tant de discours s'il n'eust estè question que de deffendre cette innocence en Iustice, il auroit suffi de dire dans les regles, la maniere dont ces interrogatoires ont estè faits les rend nuls, on ne doit y auoir aucun egard. Ce sont des declarations d'vn accusè qui cherche à se descharger sur d'autres personnes, cela ne fait aucune charge, s'il n'y a d'autres temoins contr'eux. Quand ce seroit la deposition d'vn temoin, estant mort auant la confrontation, & auant qu'il y ait eu aucune instruction ; C'est vne voix caduque, c'est vne vapeur qui est tombee aussi-tost qu'elle s'est eleuee, il n'y a pas seulement d'ombre qui en puisse rester.   Mais

Mais il ne suffit pas à des personnes de cette haute dignité d'estre innocens dans les regles de la Iustice, ils le doiuent estre dans l'opinion du public ; & leur reputation qui est la veritable vie des gens d'honneur, doit estre non-seulement sans blasme, mais aussi sans la moindre tache de soupçon.

C'est donc pour satisfaire au public & à la pureté de la reputation de ces deux Ministres, que l'on a crû devoir le recit de cette affaire, qui ne sera pas inutile au jugement du proces qui reste encore à faire au Parlement à Benoist Maigrot.

Monsieur DE GENIERS Rapporteur.